寧楽美術館の印章

方寸にあふれる美

はじめに

公益財団法人名勝依水園・寧楽美術館
館長　田代（中村）佳子

寧楽美術館は、昭和十五年（一九四〇）に奈良市内の日本庭園である依水園の中に財団法人寧楽美術館（現、公益財団法人名勝依水園・寧楽美術館）として設立されました。設立者は神戸で海運業を拡げて財を成した中村準策《じゅんさく》、準一親子です。収蔵品は、主に二人が事業の傍らで蒐集した東洋の美術品からなっています。

神戸の事業家が何故奈良に美術館を建てようとしたのでしょうか。理由の一つに、準策が中村家の婿養子で、出身地が大和郡山であったことが推察されます。もう一つは、日本文化の発祥地である奈良に美術館を建て、その研究に役立てたい、との財団法人の目的に依水園の環境が最適だったことでしょう。

財団法人は設立されましたものの、戦争が始まり、美術館の建設は一時断念されました。収蔵品の大半は神戸自宅の蔵に保存されていましたが、昭和二十年（一九四五）の神戸大空襲で灰塵に帰してしまい、奈良に疎開させていた美術品のみが現在の収蔵品として残りました。

戦後、ＧＨＱに接収されていた依水園が、昭和二十七年（一九五二）に返還されてから財団法人としての事業が再開されます。準策の孫準佑《じゅんすけ》が、返還された庭園の修復を手掛け、また美術品の整理をしつつ、昭和三十三年（一九五八）六月一日から庭園の一般公開を開始しました。同時に母屋の一部を展観室として春秋に特別展を開始したのが、寧楽美術館としての活動の始まりです。

収蔵品は、茶道に造詣の深かった準策の妻、有楽《うら》の指南により日本の茶道具から始まり、中国青銅器、韓国陶磁器へと広がりました。また息子の準一は書道から篆刻《てんこく》に趣味を拡げ、園田湖城《こじょう》氏に師事し、文人家との交流も広かったと聞き及びます。その縁もあり、中国古印のコレクションも収蔵品に加わりました。

美術館は、昭和四十四年（一九六九）にようやく、東畑謙三氏の設計により依水園の景観に溶け込む建屋として建築されました。大屋根に緩やかなむくりがあり、大和屋根を模した設計です。竣工から五〇年が経ち屋根瓦も鼠色一色から様々な模様を呈するように色変わりし、南都古寺の瓦を思わせる風情となっています。

一般公開以降、歴代理事長の佐々木剛三氏、樋口隆康氏、脇坂淳氏のもとで、中村準佑、記久子夫妻により庭園の保全管理と美術館活動が続けられ、その間にご支援くださる多くの皆様との関係も深まってまいりました。

この度、久米雅雄氏の監修により、思文閣出版の協力を得て、収蔵する中国古印の中から整理を終えた印章のうち代表的な二一九顆をまとめ出版する運びとなりました。財団法人寧楽美術館設立から七〇年を経てコレクションのひとつを紹介できることに心より感謝いたします。

目次

寧楽美術館・外観（2012年撮影）

印章と寧楽コレクション

山崎智子

日本において、印章《いんしょう》は現在「ハンコ」として、日常的に実用本位の生活必需品として使われています。しかし、ハンコの歴史をひもといてみると、それは今から六〇〇〇年以上さかのぼります。まず紀元前三〇〇〇年紀に人類最古の文字を発明したのが、中近東メソポタミア地方に住んでいたシュメール人であり、世界で初めてハンコを使ったのもシュメール人であるとされています。

その後、ハンコ（印章）は東西世界に伝播していき、西はエジプト、ギリシア、ローマ、ヨーロッパ方面へ、東はシルクロードを経て、インド、中国、朝鮮、日本などへ伝わっていくことになります。

ヨーロッパでのハンコの主な用途は、親書に封緘《ふうかん》（シール）することでした。溶かしたロウをたらし、それが固まらないうちにハンコを捺しました。ロウが乾くと固くなり親書は完全に封緘されることになります。当時は、封印そのものが一種の魔力をもつものとされたので、封印を破ることはタブーであり、禁を犯すものは神罰をこうむると信じられていました。

中国における印章の使用開始がいつの頃かはわかりませんが、東周末の戦国時代には存在していたとされています。そして古代中国の印章の使用目的の大半は、封泥《ふうでい》として封をすることにありました。当時は紙がなく、竹・木簡等の封じ目に泥をつけ、その上に印章を押して他人に見られるのを防止しました。

東周時代は、鉄器文化が始まっており古銅器や刀剣類と共に印の製法も青銅製が主でした。国民の大多数が文字を読めない時代でしたが、文字の読み書きが出来るだけでなく、文字を美的に造形化する能力と青銅の鋳造技術を有する者がいました。印章の用途としては、当時陶器類は重要な家財で、盗難や紛失を防ぐため形成時に押印し所有者を確定するために、また馬等の家畜には同様の目的で烙印が作られ押されていました。

戦国時代になると、各国が独自の字形印形で多種多様な印章（古鉥《こじ》）を作ったので解読不能な文字が多く、多数を占める金属印は鋳造により制作され、大部分が青銅製です。

しかし、秦時代に入り始皇帝が中国統一の後文字を統一したことにより、官印・私印が作られ、時代で形制が整備され、鈕《ちゅう》（つまみ）の形式や印の素材・印綬《いんじゅ》（印に結ばれた組みひも）の色制などの規制が行われました。その後時代を重ね、変遷をとげた印章が日本国にも授けられることになりました。

印章の種類は、形態的にはスタンプ印章と円筒印章の二種類に、また印面に注目すると、円形のものと方形のもの、図像印と文字印もしくは両者を折衷したものなどに分類することができます。

印章の主な使用目的には、自己自身の表示、所有者の権利・義務・契約の真正性を証明する手段、護符（お守り）・魔除け、として使用されるほか、宗教や政治にかかわるなど、多様な内容をもっています。

当館が昭和十五年（一九四〇）頃に蒐集した印章（寧楽コレクション）[1]は、平成十九年から行われてきた印章調査[2]により、その学術的・美術的意味合いが増したことで「印章五大コレクション」としての実質が高まりました。

寧楽コレクションは、中国本土での乱世の混乱を免れ、また日本の戦火からも逃れ守られた中国の印章を中心とするもので、戦国時代（前四〇三～前二二一）から秦漢三国両晋南北朝（前二二一～後五八九）時代までの官印と私印と合わせて約二千顆におよびます。字体・彫り具合・鈕形・材質においてその当時の歴史的背景を知らしめる資料として、重要かつ貴重なものです。

官印は、鈕形（つまみの形）の種類が魚・亀・鼻（真中に紐通しの穴のみ開いたつまみ）・橋（橋の形状）・馬・駱駝・羊・蛇・辟邪（想像上の霊獣）等があり、材質も銅が主流ですが、銀・陶磁・玉・ガラスや鎏金銅（金のメッキを施したもの）などがあります。

私印は、鈕形の種類が亀・鼻・瓦・橋・権（半球形のおもり）・亭（あずまや）・壇・辟邪・母子孫（母体の中に順次子と孫が収まる形）・母子（母体の中に子が収まる形）等や、鈕を持たない両面印・多面印・帯鉤印があり、材質も銅が主流で、金・陶磁・玉や鎏金銅などがあります。

この度の調査結果を出版するにあたり、印文については、未解読のもの、読み方について諸説のあるものなどが存在していますが、まずは確かなものを選びました。

また鈕形の変遷と印文の字形の変遷の間にも一定の対応関係があることが明らかになり、鈕形や材質、印文（図像）や字形、法量などを総合し、本書の顕著な特色と言える初めての時代を断定した二一九顆をとり上げました。

蒐集から七十七年の歳月が経過しましたが、本書が国内外の歴史学界・美術史学界・篆刻学界をはじめとして、大勢の方々の今後の研究に広く役立てて頂けたらと願うところです。

なお各図版の解説は、後掲の久米雅雄氏の論考、第四章三節の「寧楽古印の研究成果と図版の概要解説」を参照していただければ幸いです。

（公益財団法人名勝依水園・寧楽美術館　学芸部長）

注

1 蒐集について

明治・大正期に神戸で海運業を営んだ中村準策（一八七六〜一九五三）は古美術を蒐集し、財団法人寧楽美術館を昭和十五年（一九四〇）に設立しました。準策の長男 中村準一（一九〇二〜一九五二）は事業のかたわら、当財団評議員でもあった園田湖城氏（一八八六〜一九六八）に篆刻を師事しました。園田氏は京都の藤井有鄰館主事として中国古美術の整理にあたり、秦漢古銅印の研究を深め、日本を代表する篆刻家としても活躍していました。その園田氏の薫陶を受け準一は昭和十五年頃、約二〇〇〇顆におよぶ中国古印のコレクションを一括購入しました。これが寧楽コレクションです。

2 整理について

第二次世界大戦後、準一が五十歳の若さで亡くなり、準一の長男中村準佑（一九三〇〜二〇〇一）は、祖父準策、父準一の遺志を継ぎ昭和二十七年（一九五二）に財団法人寧楽美術館を継承し、依水園の進駐軍接収解除に伴い、依水園の一般公開を昭和三十三年（一九五八）に実現しました。以降収蔵品について多数の先生方の指示を仰ぎこれを整理し、また自らは奈良三彩の研究や復興にも情熱を注ぎました。

印章については、当時京都国立博物館館長であった神田喜一郎氏に指導を得ましたが、古銅印の文字の解読は難しく記録整理・分類には至りませんでした。

そのような中、初代評議員でもあった園田湖城氏の門弟である加藤慈雨楼氏（一九〇四〜二〇〇〇）の申し入れで当館の印章整理が始まり、加藤氏の尽力により封泥も焼き上げられ、全二二冊に及ぶ印譜本がまとめあげられました。

平成十三年準佑没後は、妻記久子（一九三二〜）が二代目館長となり平成二十六年まで事業継承。平成十九年（二〇〇七）以降は、晩年の加藤慈雨楼氏に一九八三年から二〇〇〇年の間、師事した考古学者であり印学家である久米雅雄氏（一九四八〜）を中国古印の展示企画専門委員に委嘱して、印章調査解析研究が始まりました。

凡例

・本書は公益財団法人名勝依水園・寧楽美術館（以下、当館）所蔵の「中国の印章」二〇九〇顆のうちから精選した二一九顆の図録である。

・内容は中国戦国時代の官鉨・私鉨、秦漢三国両晋南北朝時代の官印・私印をとりあげている。「鉨」や「璽」の文字は中国古印の「ハンコ」の意を表す慣例にしたがった。

・図版は原則として原寸大とし、通し番号は論考・図版目録と共通する。

・図版の配列は官鉨・私鉨、官印・私印にわけて職官別とし、全形、印面、印影の順に並べた。

・説明文は鈕形、材質、印文・紋様、時代、法量（縦×横×総高〔印台高〕㎝　重量g）の順に、印文の読めない箇所は□で表記した。なお、疑いのある数点には「※疑偽」と付記した。

・中国王朝名とその時代表記およびその版図については、中国社会科学院『中国簡明歴史地図集』（一九九一）、羅福頤主編『秦漢南北朝官印徴存』（一九八七）、その他の世界史事典を参考にした。

・掲載作品のデータを記した「図版目録」および「中国王朝一覧」「漢魏六朝官印分類表」は巻末にまとめた。

・本書の執筆は久米雅雄と山崎智子が行い、久米雅雄が監修した。

・英文訳は佐々木憲一が行い、作品の写真撮影は橋本禎郎が担当した。

・印章の実測調査は当館学芸部が行い、堀池春慶の協力を得た。

・本書の編集は当館学芸部が行い、出版を思文閣出版が担当した。

（敬称略）

図版

Plates

戦国時代の古鉨

Warring States Seals

1
鼻鈕銅印
bronze: pierced knob

□都右司馬鉨　□ dou you si ma xi
二・九五×二・九七×一・五九〔一・〇八〕
五七・一 g

2
鼻鈕銅印
bronze: pierced knob

司馬□鉨　si ma □ xi
二・七六×二・七八×一・三八〔〇・八八〕
三七・四 g

4
鼻鈕玉印
jade: pierced knob

安内市(市)鉨　an nei shi xi
一・五四×一・四八×一・一八〔〇・八九〕
五・二 g

3 鼻鈕銅印

bronze: pierced knob

右司馬□(厩)　you si ma □

二・五二×二・四九×一・三一〔〇・八〇〕

二九・七 g

私《し》鉨《じ》

PRIVATE SEALS

5
鼻鈕銅印
bronze: pierced knob

事鉨　shi xi
二・四〇×二・四三×一・三八〔〇・六五〕
二四・六 g

6
鼻鈕銅印
bronze: pierced knob

□(徒)盦之鉨　□(tu)an zhi xi
二・三三×二・三三×一・四七〔〇・八六〕
二五・六 g

8
鼻鈕銅印
bronze: pierced knob

王□(貞殳)　wang□
一・三八×一・三九×一・一六〔〇・七七〕
七・四 g

7 鼻鈕銅印

bronze; pierced knob

長邦 zhang bang

一・三六×一・三四×一・一一〔〇・六四〕

六・二 g

9
鼻鈕銅印
bronze; pierced knob

王□（瓄） wang □ (du)
一・三五×一・三七×一・四六〔一・〇〇〕
一四・二 g

10
鼻鈕銅印
bronze; pierced knob

鄖均 yan jun
一・四九×一・五一×一・四七〔一・〇一〕
一四・四 g

11
鼻鈕銅印
bronze; pierced knob

⿰土尔 ji
一・三五×一・三五×一・二一〔〇・八四〕
六・七 g

12
鼻鈕銅印
bronze: pierced knob

上士之右　shang shi zhi you
一・八〇×一・八三×一・〇四〔〇・六八〕
一一・八 g

13
鼻鈕銅印
bronze: pierced knob

敬事　jing shi
一・六三×一・六三×一・四一〔〇・八九〕
八・五 g

14
鼻鈕銅印
bronze: pierced knob

明上　ming shang
一・五六×一・五七×一・五二〔一・〇七〕
一二・七 g

15
鼻鈕銅印
bronze: pierced knob

安官　an guan
一・五三×一・五六×一・六六〔一・二三〕
一一・六 g

16
鼻鈕銅印
bronze: pierced knob

長官　chang/zhang guan
一・三六×一・三六×〇・八一〔〇・五二〕
三・三 g

17
亭鈕銅印
bronze: arbor-shaped knob

平上尒　ping shang er
一・四〇×一・四二×一・一七〔〇・九八〕
六・三 g

18 亭鈕銅印

bronze; arbor-shaped knob

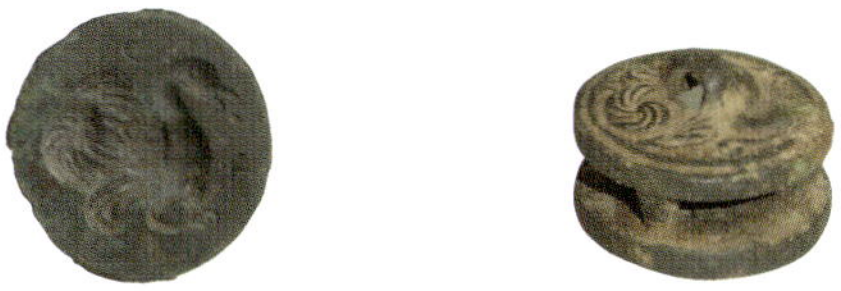

鳥紋 engraved with bird design

一・八三×一・八四×一・一九〔〇・九三〕

八・六g

19
鼻鈕銅印
bronze: pierced knob

獣形紋
engraved with beast design
一・七七×一・七六×〇・八四〔〇・三八〕
五・五 g

20
鼻鈕銅印
bronze: pierced knob

守宮紋
engraved with gecko design
一・七〇×一・七一×〇・七一〔〇・三七〕
四・〇 g

21
鼻鈕銅印
bronze: pierced knob

犬狗紋
engraved with dog design
一・三七×一・三五×〇・八〇〔〇・四七〕
二・九 g

22
鼻鈕銅印
bronze; pierced knob

鳥紋 engraved with bird design
一・二四×一・二四×〇・七七〔〇・四八〕
三・五 g

23
鼻鈕銅印
bronze; pierced knob

双禽紋 engraved with paired birds design
一・二五×一・二五×〇・八一〔〇・五〇〕
四・〇 g

24
壇鈕銅印
bronze; altar-shaped knob

鳥紋 engraved with bird design
一・七五×一・七三×一・一四〔〇・七二〕
一二・七 g

25
壇鈕銅印
bronze; altar-shaped knob

双獣紋　engraved with paired animals design
一・七二×一・七四×〇・九九〔〇・五五〕
八・三 g

26
鼻鈕銅印
bronze: pierced knob

花葉紋　engraved with floral leaf design
一・九七×一・九七×〇・七八〔〇・三二〕
七・一 g

27
鼻鈕銅印
bronze: pierced knob

不死鳥紋　engraved with phoenix design
一・四一×一・五〇×〇・九二〔〇・六二〕
八・三 g

28
鼻鈕銅印
bronze: pierced knob

鬪虎紋　engraved with fighting tiger design
一・三九×一・三七×一・一七〔〇・六〇〕
六・二 g

29
鼻鈕銅印
bronze: pierced knob

獣(駱駝)紋　engraved with camel design

一・四〇×一・六五×〇・九七〔〇・五九〕

八・四 g

30
鼻鈕銅印
bronze: pierced knob

武人紋　engraved with warrior with sword and shield design

二・三三×二・三二×〇・九二〔〇・三七〕

八・四 g

秦漢三国両晋南北朝時代の印章

Qin, Han, Three Kingdoms, Jin and Northern and Southern Dynasties Seals

31 魚鈕銅印

bronze: fish-shaped knob

❖田字格
Face divided into four squares in which one character is inscribed

南郡候印　nan jun hou yin
秦～前漢初　Qin Dynasty — Early Western Han Dynasty
二・五七×二・五五×一・六四〔〇・七三〕
三八・八 g

32
亀鈕鍍金銅印
gilt bronze: tortoise-shaped knob

間陽司空　jian yang si kong
一・八〇×一・八〇×一・八八〔〇・八二〕
三一・〇 g　※疑偽

33
鼻鈕銅印
bronze: pierced knob

定陽市丞　ding yang shi cheng
魏　Wei Dynasty
二・四四×二・四〇×二・二八〔〇・一九〕
七四・七 g　※疑偽

37
亀鈕鍍金銅印
gilt bronze: tortoise-shaped knob

関内侯印　guan nei hou yin
前漢末～後漢　Late Western Han Dynasty — Early Eastern Han Dynasty
二・二四×二・三五×二・一四〔一・〇六〕
五五・九 g

34 亀鈕鎏金銅印

gilt bronze: tortoise-shaped knob

都郷侯印 dou xiang hou yin

三国 Three Kingdoms

二・四七×二・四六×二・六五〔一・〇六〕

六四・一 g

35 亀鈕鎏金銅印

gilt bronze: tortoise-shaped knob

都亭侯印　dou ting hou yin

三国　Three Kingdoms

二・四四×二・四五×二・二三〔一・〇八〕

六八・五 g

36
亀鈕鎏金銅印
gilt bronze; tortoise-shaped knob

関内矦印　guan nei hou yin
前漢末～後漢初　Late Western Han Dynasty
— Early Eastern Han Dynasty
二・二八×二・三六×二・〇一〔一・〇五〕
五三・一 g

38
亀鈕銅印
bronze; tortoise-shaped knob

関内侯印　guan nei hou yin
後漢末～三国　Late Eastern Han Dynasty — Three Kingdoms
二・三二×二・三七×二・二五〔一・一九〕
五五・九 g

39
亀鈕鎏金銅印
gilt bronze; tortoise-shaped knob

関内侯印　guan nei hou yin
晋　Jin Dynasty
二・五四×二・五〇×二・七一〔一・二六〕
八二・八 g

40
亀鈕鎏金銅印
gilt bronze; tortoise-shaped knob

関内侯印　guan nei hou yin
晋　Jin Dynasty
二・五六×二・五八×二・六六〔一・一八〕
八四・六 g

41
亀鈕鎏金銅印
gilt bronze; tortoise-shaped knob

関内矦印　guan nei hou yin
後秦　Later Qin
一・八一×一・八〇×一・九七〔〇・八一〕
三三・六 g

42
亀鈕鎏金銅印
gilt bronze; tortoise-shaped knob

関中矦印　guan zhong hou yin
後漢末～三国　Late Eastern Han Dynasty — Three Kingdoms
二・三九×二・三五×二・三五〔一・一四〕
六〇・三 g

43
亀鈕銅印
bronze; tortoise-shaped knob

関中矦印　guan zhong hou yin
十六国　Sixteen Kingdoms
二・三五×二・四三×二・四一〔一・三一〕
七三・二 g

44
亀鈕鎏金銅印
gilt bronze; tortoise-shaped knob

関中侯印　guan zhong hou yin
晋　Jin Dynasty
二・〇〇×二・〇一×二・四三〔〇・九一〕
三八・七 g

45 亀鈕鎏金銅印

gilt bronze: tortoise-shaped knob

関外侯印　guan wai hou yin

三国　Three Kingdoms

二・二七×二・二三×二・五一〔〇・八四〕

五一・二 g

46
亀鈕銅印
bronze: tortoise-shaped knob

関外矦印 guan wai hou yin
三国 Three Kingdoms
二・一五×二・一〇×二・六六〔一・一六〕
六四・〇 g

47
亀鈕鎏金銅印
gilt bronze: tortoise-shaped knob

関外矦印 guan wai hou yin
南涼 Southern Liang Dynasty
二・四一×二・四八×二・九二〔一・一〇〕
七四・三 g

49
亀鈕銅印
bronze: tortoise-shaped knob

奉車都尉 feng che dou wei
十六国 Sixteen Kingdoms
二・一五×二・〇三×二・五四〔一・一三〕
四七・五 g

❖都尉 Seals of regional military officer, *douwei*

48 亀鈕鍍金銅印

gilt bronze; tortoise-shaped knob

奉車都尉　feng che dou wei
三国　Three Kingdoms
二・六六×二・六三×二・八六〔一・二〇〕
八二・九 g

50 亀鈕鎏金銅印 gilt bronze; tortoise-shaped knob

駙馬都尉 fu ma dou wei

晋 Jin Dynasty

二·五三×二·四七×二·九〇〔一·二三〕

八〇·二 g

51 亀鈕銅印 bronze; tortoise-shaped knob

武猛都尉 wu meng dou wei

晋 Jin Dynasty

二·五五×二·五四×二·七一〔一·一三〕

七七·四 g

52 亀鈕銅印 bronze; tortoise-shaped knob

殿中都尉 dian zhong dou wei

晋 Jin Dynasty

二·五四×二·五二×二·五二〔一·一四〕

六九·八 g

53
亀鈕銀印
Silver; tortoise-shaped knob

❖将軍章
Seals of military general, *jiangjun*

楼船将軍章　lou chuan jiang jun zhang
前漢　Western Han Dynasty
二・三〇×二・二七×二・一八〔〇・九六〕
五〇・八 g

54
亀鈕銅印
bronze: tortoise-shaped knob

偏将軍印章　pian jiang jun yin zhang
前漢末～後漢初　Late Western Han Dynasty — Early Eastern Han Dynasty
二・二八×二・三七×一・九七〔〇・八八〕
四三・七 g

55
亀鈕鎏金銅印
gilt bronze: tortoise-shaped knob

虎牙将軍章　hu ya jiang jun zhang
後漢　Eastern Han Dynasty
二・三七×二・三五×二・二三〔〇・九八〕
六〇・六 g

56
亀鈕鎏金銅印
gilt bronze: tortoise-shaped knob

伏廋将軍章　fu sou jiang jun zhang
後漢～三国　Eastern Han Dynasty — Three Kingdoms
二・三一×二・二九×二・四四〔〇・九七〕
六〇・一 g

57
亀鈕鎏金銅印
gilt bronze: tortoise-shaped knob

揚武将軍章 yang wu jiang jun zhang
後漢～三国 Eastern Han Dynasty — Three Kingdoms
二・三二×二・二八×二・三四〔〇・九〇〕
五八・五 g

58
亀鈕鎏金銅印
gilt bronze: tortoise-shaped knob

淩江将軍章 ling jiang jiang jun zhang
三国 Three Kingdoms
二・三〇×二・三〇×二・四六〔〇・八二〕
五五・一 g

59
亀鈕鎏金銅印
gilt bronze: tortoise-shaped knob

振威将軍章 zhen wei jiang jun zhang
晋 Jin Dynasty
二・二五×二・二八×二・四九〔一・一二〕
六九・八 g

60
亀鈕銅印
bronze: tortoise-shaped knob

折衝将軍章　zhe chong jiang jun zhang
晋　Jin Dynasty
二・一九×二・二〇×二・三六〔一・〇六〕
四四・九 g

61
亀鈕銅印
bronze: tortoise-shaped knob

禆将軍章　bi jiang jun zhang
晋　Jin Dynasty
二・一五×二・二三×二・七四〔一・一二〕
五一・六 g

62
亀鈕銅印
bronze: tortoise-shaped knob

材官将軍章　cai guan jiang jun zhang
劉宋　Liu Song Dynasty
二・三〇×二・三四×二・六〇〔一・〇六〕
六二・四 g

❖将印 Seals of military officer, *jiang*

63 亀鈕鎏金銅印 gilt bronze; tortoise-shaped knob

立節将軍章　lijie jiang jun zhang
十六国　Sixteen Kingdoms
二・二六×二・二七×三・〇四〔一・二四〕
六五・五 g

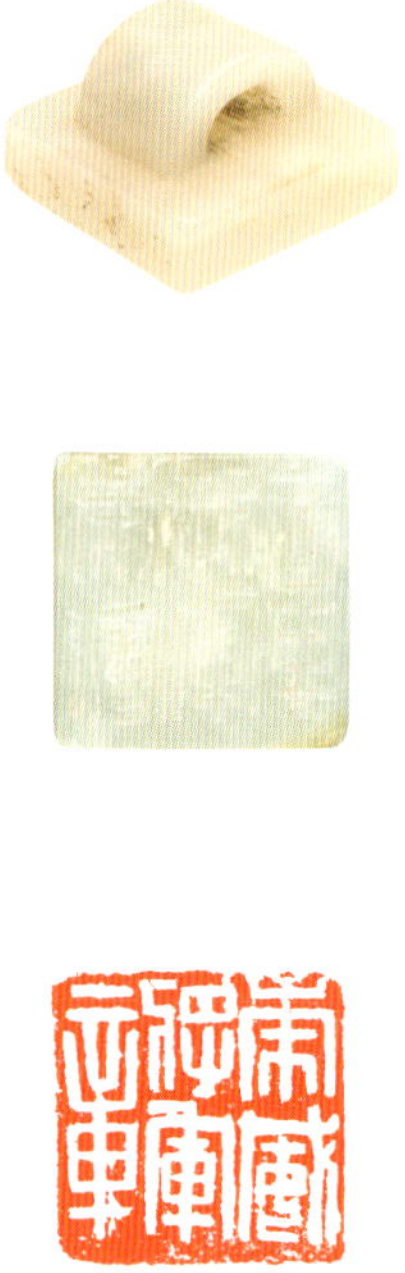

65 瓦鈕玉印 jade; tile-shaped knob

虎威将軍章　hu wei jiang jun zhang
一・九七×一・九九×一・二六〔〇・五七〕
七・八 g ※疑偽

66 亀鈕銅印 bronze; tortoise-shaped knob

牙門将印　ya men jiang yin
十六国　Sixteen Kingdoms
二・一二×二・一〇×二・五〇〔一・一二〕
四七・四 g

64 亀鈕鎏金銅印

gilt bronze; tortoise-shaped knob

廣武将軍章　guang wu jiang jun zhang

十六国　Sixteen Kingdoms

二・三四×二・三六×二・五一〔一・二一〕

六二・五 g

67
駝鈕鍍金銅印
gilt bronze; camel-shaped knob

牙門将印章　ya men jiang yin zhang
十六国　Sixteen Kingdoms
二・五二×二・四七×二・九八〔一・〇七〕
七四・八 g

❖中郎将印
Seal of imperial guard/cavalry and chariot officer, *zhonglangjiang*

68
亀鈕鍍金銅印
gilt bronze; tortoise-shaped knob

殿中中郎将印　dian zhong zhong lang jiang yin
晋　Jin Dynasty
二・四七×二・四八×二・六〇〔一・一六〕
七四・六 g

❖軍司馬印
Seals of military administrator, *junsima*

69
鼻鈕銅印
bronze; pierced knob

軍司馬印　jun si ma yin
三国　Three Kingdoms
二・四〇×二・四〇×一・八二〔〇・九四〕
五一・二 g

❖軍假司馬 Seals of deputy military officer, *junjiasima*

70
鼻鈕銅印 bronze: pierced knob

軍司馬印 jun si ma yin
三国～晋 Three Kingdoms — Jin Dynasty
二・五〇×二・四四×二・〇八〔〇・九八〕
五六・四 g

71
鼻鈕銅印 bronze: pierced knob

軍司馬印 jun si ma yin
晋 Jin Dynasty
二・五四×二・五三×二・五五〔一・四四〕
九四・三 g

72
鼻鈕銅印 bronze: pierced knob

軍假司馬 jun jia si ma
後漢 Eastern Han Dynasty
二・三五×二・三七×一・七六〔〇・八五〕
三五・九 g

73
鼻鈕銅印
bronze: pierced knob

軍假司馬　jun jia si ma
後漢　Eastern Han Dynasty
二・三五×二・三六×一・九三〔〇・九三〕
四九・七 g

74
鼻鈕銅印
bronze: pierced knob

軍假司馬　jun jia si ma
三国　Three Kingdoms
二・四三×二・四六×一・八八〔〇・九〇〕
五一・六 g

❖別部司馬

Seals of military administrator in charge of minor troops, *biebusima*

75
鼻鈕銅印
bronze: pierced knob

別部司馬　bie bu si ma
晋　Jin Dynasty
二・五六×二・五〇×一・八三〔〇・七三〕
五〇・一 g

❖假司馬印 Seals of deputy military officer, *jiasima*

76
鼻鈕銅印 bronze; pierced knob

別部司馬　bie bu si ma
晋　Jin Dynasty
二・五一×二・五一×一・九四〔〇・八八〕
四六・五 g

77
鼻鈕銅印 bronze; pierced knob

別部司馬　bie bu si ma
晋　Jin Dynasty
二・六一×二・六四×一・九五〔〇・九三〕
五六・九 g

78
鼻鈕銅印 bronze; pierced knob

假司馬印　jia si ma yin
後漢　Eastern Han Dynasty
二・三二×二・三五×一・九六〔〇・九三〕
五〇・九 g

79
鼻鈕銅印
bronze; pierced knob

假司馬印　jia si ma yin
後漢末～三国　Late Eastern Han Dynasty — Three Kingdoms
二・四〇×二・三八×二・一〇〔〇・九五〕
五六・六 g

80
鼻鈕銅印
bronze; pierced knob

假司馬印　jia si ma yin
三国　Three Kingdoms
二・四三×二・三八×一・九七〔〇・九七〕
五二・三 g

81
鼻鈕銅印
bronze; pierced knob

假司馬印　jia si ma yin
三国　Three Kingdoms
二・四三×二・四二×二・〇五〔一・〇〇〕
五七・三 g

❖司馬 Seals of military administrator, *sima*

82
鼻鈕銅印
bronze; pierced knob

方俗司馬　fang su si ma
後漢　Eastern Han Dynasty
二・三四×二・三三×一・八九〔〇・八六〕
四九・四 g

83
鼻鈕銅印
bronze; pierced knob

中衛司馬　zhong wei si ma
後漢　Eastern Han Dynasty
二・三四×二・三七×一・七九〔〇・八二〕
四三・四 g

84
鼻鈕銅印
bronze; pierced knob

建威司馬　Jian wei si ma
後漢　Eastern Han Dynasty
二・三五×二・三五×二・二一〔〇・八九〕
五二・二 g

85
鼻鈕銅印
bronze: pierced knob

巧工司馬　qiao gong si ma
後漢　Eastern Han Dynasty
二・三八×二・三八×一・九〇〔〇・九二〕
四九・〇 g

86
鼻鈕銅印
bronze: pierced knob

大醫司馬　da yi si ma
三国　Three Kingdoms
二・四五×二・四三×二・一〇〔〇・九六〕
五八・五 g

87
鼻鈕銅印
bronze: pierced knob

殿中司馬　dian zhong si ma
晋　Jin Dynasty
二・四九×二・四三×二・四七〔一・一五〕
七〇・六 g

88
鼻鈕銅印
bronze; pierced knob

監軍司馬　jian jun si ma
晋　Jin Dynasty
二・五一×二・四七×二・三八〔一・二六〕
七八・五 g

89
鼻鈕銅印
bronze; pierced knob

皿城督護司馬　min cheng du hu si ma
二・三二×二・一六×二・一二〔〇・九九〕
四二・二 g　※疑偽

90
鼻鈕鎏金銅印
gilt bronze; pierced knob

掃逆将軍司馬　sao ni jiang jun si ma
二・四〇×二・四四×二・〇七〔一・一〇〕
五九・四 g　※疑偽

91
鼻鈕銀印

silver; pierced knob

❖騎督之印
Seals of chief cavalry officer, *qidu*

騎督之印　qi du zhi yin
後漢初　Early Eastern Han Dynasty
二・二九×二・三二×一・八二〔〇・九〇〕
四九・七 g

❖騎部曲督

Seals of cavalry officer, *qibuqudu*

92
亀鈕銅印
bronze; tortoise-shaped knob

騎督之印　qi du zhi yin
二・〇九×二・〇四×一・八七〔〇・九七〕
三九・九 g　※疑偽

93
鼻鈕銅印
bronze; pierced knob

騎部曲督　qi bu qu du
後漢　Eastern Han Dynasty
二・三七×二・三八×一・九五〔〇・九二〕
四九・三 g

94
鼻鈕銅印
bronze; pierced knob

騎部曲督　qi bu qu du
晋　Jin Dynasty
二・五八×二・五八×二・四五〔一・二三〕
八〇・六 g

❖部曲督印 Seals of company officer, *buqudu*

95
鼻鈕銅印 bronze: pierced knob

部曲督印 bu qu du yin
後漢末〜三国 Late Eastern Han Dynasty — Three Kingdoms
二・三八×二・四〇×二・〇八〔〇・九九〕
五五・五 g

96
鼻鈕銅印 bronze: pierced knob

部曲督印 bu qu du yin
三国 Three Kingdoms
二・四五×二・四三×二・〇九〔〇・九三〕
五六・〇 g

97
鼻鈕銅印 bronze: pierced knob

部曲督印 bu qu du yin
三国 Three Kingdoms
二・四七×二・四八×二・〇九〔〇・九九〕
五八・二 g

❖騎部曲将 Seal of cavalry regiment officer, *qibuqujiang*

98
鼻鈕銅印
bronze: pierced knob

部曲督印 bu qu du yin
三国～晋 Three Kingdoms — Jin Dynasty
二・四七×二・五二×二・三二〔一・一五〕
七一・八 g

99
駝鈕銅印
bronze: camel-shaped knob

部曲督印 bu qu du yin
十六国 Sixteen Kingdoms
二・四五×二・四三×三・〇六〔一・〇五〕
七四・五 g

100
鼻鈕銅印
bronze: pierced knob

騎部曲将 qi bu qu jiang
三国 Three Kingdoms
二・四一×二・四二×二・〇五〔〇・九五〕
五三・四 g

❖部曲将印
Seals of regiment officer, *buqujinag*

101
鼻鈕銅印
bronze; pierced knob

部曲将印　bu qu jiang yin
後漢　Eastern Han Dynasty
二・三三×二・三五×二・〇二〔〇・八八〕
四九・一 g

102
鼻鈕銅印
bronze; pierced knob

部曲将印　bu qu jiang yin
後漢　Eastern Han Dynasty
二・三七×二・三七×二・一〇〔〇・九六〕
五二・八 g

103
鼻鈕銅印
bronze; pierced knob

部曲将印　bu qu jiang yin
後漢　Eastern Han Dynasty
二・三八×二・三九×二・一五〔〇・九九〕
五四・八 g

104
鼻鈕銅印
bronze; pierced knob

部曲将印　bu qu jiang yin
後漢～三国　Eastern Han Dynasty — Three Kingdoms
二・三九×二・四二×一・八四〔〇・八八〕
四八・五 g

105
鼻鈕銅印
bronze; pierced knob

部曲将印　bu qu jiang yin
三国　Three Kingdoms
二・四二×二・四三×二・一六〔〇・九六〕
五九・二 g

106
鼻鈕銅印
bronze; pierced knob

部曲将印　bu qu jiang yin
三国　Three Kingdoms
二・四四×二・四八×二・二八〔一・〇七〕
六四・六 g

❖軍曲候之印
Seal of Seal of regiment officer, *junqubou*

107
鼻鈕銅印
bronze: pierced knob

部曲将印　bu qu jiang yin
三国　Three Kingdoms
二・四八×二・四五×二・二四〔一・一六〕
六八・五 g

108
鼻鈕銅印
bronze: pierced knob

部曲将印　bu qu jiang yin
東晋　Eastern Jin Dynasty
二・四九×二・四五×二・五一〔一・一八〕
七三・〇 g

109
亀鈕銅印
bronze: tortoise-shaped knob

軍曲候之印　jun qu hou zhi yin
前漢末（新莽）　End of the Western Han Dynasty (Xin Dynasty)
二・二七×二・三〇×二・〇一〔〇・七九〕
四九・二 g

❖軍曲候印 Seals of regiment officer, *junquhou*

110
鼻鈕銅印 bronze; pierced knob

軍曲候印　jun qu hou yin
後漢末～三国　Late Eastern Han Dynasty — Three Kingdoms
二・三九×二・四二×一・九二〔〇・九四〕
五一・五 g

111
鼻鈕銅印 bronze; pierced knob

軍曲候印　jun qu hou yin
三国　Three Kingdoms
二・四五×二・四五×二・〇二〔〇・九七〕
五七・四 g

❖軍假候印 Seal of deputy regiment officer, *junjiahou*

112
鼻鈕銅印 bronze; pierced knob

軍假候印　jun jia hou yin
後漢　Eastern Han Dynasty
二・三五×二・三三×一・八八〔〇・八七〕
五〇・五 g

❖長史
Seals of chief administrator, *zhangshi*

113
鼻鈕銅印
bronze: pierced knob

長史之印　zhang shi zhi yin
三国　Three Kingdoms
二・四〇×二・四二×一・八八〔〇・八三〕
四四・九 g

114
鼻鈕銅印
bronze: pierced knob

大将長史　da jiang zhang shi
晋　Jin Dynasty
二・五四×二・四九×一・八二〔〇・七八〕
四五・七 g

❖丞印
Seals of first officer, *cheng*

115
鼻鈕銅印
bronze: pierced knob

軍倉丞印　jun cang cheng yin
後漢　Eastern Han Dynasty
二・三一×二・三三×一・九七〔〇・八九〕
四一・六 g

116
鼻鈕銅印
bronze: pierced knob

大醫丞印　da yi cheng yin
後漢～三国　Eastern Han Dynasty — Three Kingdoms
二・三五×二・三六×二・〇三〔〇・九七〕
五五・二 g

❖行事
Seal of court officer, *xingshi*

117
鼻鈕銅印
bronze: pierced knob

立義行事　li yi xing shi
晋　Jin Dynasty
二・五二×二・五二×二・〇〇〔〇・九六〕
五六・三 g

❖州・郡県・侯国尉印
Seals of provincial and regional governor

118
鼻鈕銅印
bronze: pierced knob

兾州従事　ji zhou cong shi
後漢　Eastern Han Dynasty
二・三八×二・三六×二・三六〔一・一一〕
六七・五 g

119

亀鈕銅印

bronze: tortoise-shaped knob

受降尹中前候 shou jiang yin zhong qian hou

前漢末（新莽） End of the Western Han Dynasty (Xin Dynasty)

二・三〇×二・二六×二・〇〇〔〇・八五〕

四三・二 g

120

鼻鈕銅印

bronze: pierced knob

南郷左尉 nan xiang zuo wei

三国 Three Kingdoms

二・四一×二・三七×二・三二〔一・〇〇〕

五七・六 g

121

瓦鈕銅印

bronze: tile-shaped knob

武城左尉 wu cheng zuo wei

三国 Three Kingdoms

二・四六×二・四五×二・〇五〔〇・九二〕

五三・四 g

122
鼻鈕銅印
bronze: pierced knob

襄鄉国尉　xiang xiang guo wei
三国　Three Kingdoms
二・四五×二・四一×二・五五〔一・三八〕
七七・六 g

123
鼻鈕銅印
bronze: pierced knob

池陽矦丞　chi yang hou cheng
三国～晋　Three Kingdoms — Jin Dynasty
二・四五×二・四九×二・三二〔一・三九〕
七九・〇 g

125
鼻鈕銅印
bronze: pierced knob

新成令印　xin cheng ling yin
後漢　Eastern Han Dynasty
二・二一×二・二三×一・九五〔〇・八八〕
四〇・三 g

124

亀鈕銅印

bronze: tortoise-shaped knob

❖県令印

Seals of county magistrete, *lingyin*

安陵令印　an ling ling yin

前漢末～後漢初　Late Western Han Dynasty — Early Eastern Han Dynasty

二・三六×二・三八×二・〇三〔〇・六九〕

四六・一 g

126
鼻鈕銅印
bronze: pierced knob

河南令印 he nan ling yin
後漢 Eastern Han Dynasty
二・二八×二・二八×一・八六〔〇・八五〕
四一・九 g

127
鼻鈕銅印
bronze: pierced knob

尋陽令印 xun yang ling yin
後漢 Eastern Han Dynasty
二・二九×二・二八×一・九七〔〇・八六〕
三九・〇 g

128
鼻鈕銅印
bronze: pierced knob

下相令印 xia xiang ling yin
後漢 Eastern Han Dynasty
二・二五×二・三二×二・一八〔一・〇〇〕
六四・一 g

129
鼻鈕銅印
bronze: pierced knob

長廣令印　chang guang ling yin
後漢末～三国　Late Eastern Han Dynasty — Three Kingdoms
二・三〇×二・三四×一・六八〔〇・八二〕
三七・七 g

130
鼻鈕銅印
bronze: pierced knob

建陽令印　jian yang ling yin
三国　Three Kingdoms
二・三四×二・三三×二・〇七〔〇・九二〕
四九・四 g

131
鼻鈕銅印
bronze: pierced knob

新城令印　xin cheng ling yin
三国　Three Kingdoms
二・三九×二・四一×二・一五〔一・〇二〕
五七・四 g

132
鼻鈕銅印
bronze; pierced knob

閬中令印　lang zhong ling yin
三国　Three Kingdoms
二・四五×二・四二×二・二三〔一・二一〕
六一・一 g

133
鼻鈕銅印
bronze; pierced knob

合鄉令印　he xiang ling yin
三国　Three Kingdoms
二・四九×二・四九×二・二七〔一・〇六〕
六〇・四 g

134
瓦鈕銅印
bronze; tile-shaped knob

江都令印　jiang dou ling yin
晋　Jin Dynasty
二・一九×二・一九×二・三〇〔一・二一〕
五四・一 g

❖県長印
Seals of county magistrete, *changyin*

135
鼻鈕銅印
bronze: pierced knob

安陽令印 an yang ling yin
南斉 Southern Qi Dynasty
二・四七×二・四九×二・三〇〔一・一〇〕
七三・九 g

136
鼻鈕銅印
bronze: pierced knob

朔方長印 shuo fang chang yin
後漢 Eastern Han Dynasty
二・二三×二・四〇×二・一一〔〇・九七〕
五〇・一 g

137
鼻鈕銅印
bronze: pierced knob

建始長印 jian shi chang yin
三国～晋 Three Kingdoms — Jin Dynasty
二・五三×二・五三×二・二三〔一・三〇〕
八二・〇 g

❖郷官印 Seals of town magistrete, *jizunyin*

138
亀鈕銅印
bronze; tortoise-shaped knob

方城長印 fang cheng chang yin
二・四六×二・四二×二・〇五〔〇・八一〕
四七・二g ※疑偽

139
亀鈕銅印
bronze; tortoise-shaped knob

単祭尊印 dan ji zun yin
前漢末～後漢初 Late Western Han Dynasty — Early Eastern Han Dynasty
二・三五×二・二八×二・二六〔〇・九〇〕
五五・七g

140
亀鈕銅印
bronze; tortoise-shaped knob

済南唯印 ji nan wei yin
後漢 Eastern Han Dynasty
一・九八×一・九九×一・九五〔〇・九三〕
二七・〇g

周辺民族官印・蕃夷印
Official seals of tribes in peripheral regions

141
鼻鈕銅印
bronze; pierced knob

丁氏長幸唯印　ding shi chang xing wei yin
後漢　Eastern Han Dynasty
一・九八×一・九七×一・六七〔〇・九一〕
三二・九 g

142
半環鈕銅印
bronze; semicircular arch knob

少年唯印　shao nian wei yin
三国　Three Kingdoms
二・四四×一・三八×一・八九〔〇・八六〕
一九・〇 g

143
蛇鈕銅印
bronze; snake-shaped knob

漢夷邑長　han yi yi chang
前漢末～後漢初　Late Western Han Dynasty — Early Eastern Han Dynasty
二・一八×二・二一×二・〇四〔〇・六七〕
三八・一 g

144
蛇鈕銅印
bronze; snake-shaped knob

漢叟邑長　han sou yi chang
蜀漢～十六国　Shu Han Dynasty — Sixteen Kingdoms
二・二九×二・二九×一・三三〔〇・九六〕
五七・七 g

145
駝鈕銅印
bronze; camel-shaped knob

漢青羌邑長　han qing qiang yi chang
二・三三×二・三一×一・七五〔〇・七九〕
五一・五 g ※疑偽

146
駝鈕銅印
bronze; camel-shaped knob

魏烏丸率善邑長　wei wu wan lu shan yi chang
魏　Wei Dynasty
二・二五×二・二一×二・四八〔〇・六七〕
三八・七 g

147
馬鈕銅印
bronze: horse-shaped knob

魏烏丸率善佰長
wei wu wan lu shan bai chang
魏　Wei Dynasty
二・一八×二・一四×二・七〇〔〇・七二〕
四一・九 g

148
羊鈕銅印
bronze; sheep-shaped knob

魏烏丸率善佰長　wei wu wan lu shan bai chang
魏　Wei Dynasty
二・二六×二・三〇×二・六〇〔〇・七四〕
四二・七 g

149
駝鈕銅印
bronze; camel-shaped knob

魏率善羌佰長　wei lu shan qiang bai chang
魏　Wei Dynasty
二・二七×二・二八×二・五一〔〇・七〇〕
四四・三 g

150
羊鈕銅印
bronze; sheep-shaped knob

晋匈奴率善佰長　jin xiong nu lu shan bai chang
西晋　Western Jin Dynasty
二・二六×二・二四×二・五七〔〇・七四〕
四二・三 g

151
駝鈕銅印
bronze: camel-shaped knob

晉上郡率善佰長　jin shang jun lu shan bai chang
西晋　Western Jin Dynasty
二・二〇×二・二二×二・五一〔〇・七一〕
四二・〇 g

152
駝鈕鎏金銅印
gilt bronze: camel-shaped knob

晉帰義羌王　jin gui yi qiang wang
西晋　Western Jin Dynasty
二・一五×二・二四×二・一八〔〇・九九〕
五〇・五 g

153
駝鈕銅印
bronze: camel-shaped knob

晉率善羌邑長　jin lu shan qiang yi chang
西晋　Western Jin Dynasty
二・三〇×二・三〇×二・五六〔〇・七四〕
四五・一 g

154
駝鈕銅印
bronze: camel-shaped knob

晋率善羌佰長 jin lu shan qiang bai chang
西晋 Western Jin Dynasty
二・二二×二・二六×二・五三〔○・八三〕
四六・六 g

155
馬鈕銅印
bronze: horse-shaped knob

晋率善氐邑長 jin lu shan di yi chang
東晋 Eastern Jin Dynasty
二・五三×二・五一×三・○三〔一・一二〕
七五・一 g

156
羊鈕銅印
bronze: sheep-shaped knob

晋率善氐佰長 jin lu shan di bai chang
西晋 Western Jin Dynasty
二・二五×二・二○×二・四一〔○・七三〕
四一・六 g

157

馬鈕銅印

bronze; horse-shaped knob

晉率善氐佰長　jin lu shan di bai chang

西晉　Western Jin Dynasty

二・二三×二・二六×二・五二〔〇・七三〕

四三・一 g

158

駝鈕銅印

bronze; camel-shaped knob

晉率善氐佰長　jin lu shan di bai chang

西晉　Western Jin Dynasty

二・二三×二・二七×二・六〇〔〇・七七〕

四四・八 g

159

駝鈕銅印

bronze; camel-shaped knob

晉率善胡仟長　jin lu shan hu qian chang

西晉　Western Jin Dynasty

二・二六×二・二七×二・五五〔〇・七五〕

四五・九 g

160
駝鈕銅印
bronze; camel-shaped knob

晉率善胡佰長　jin lu shan hu bai chang
西晋　Western Jin Dynasty
二・二〇×二・二八×二・四八〔〇・七七〕
四三・六 g

161
馬鈕銅印
bronze; horse-shaped knob

率義侯印　lu yi hou yin
十六国（趙）　Sixteen Kingdoms (Zhao)
二・四四×二・四四×二・八八〔一・一〇〕
六五・七 g

162 壇鈕銅印

bronze; altar-shaped knob

❖壇鈕・鼻鈕
Seals with altar-shaped or pierced knob

曹昌　cao chang
秦～前漢初　Qin Dynasty — Early Western Han Dynasty
二・〇三×二・〇五×一・〇三〔〇・六三〕
一四・二 g

163
鼻鈕銅印
bronze; pierced knob

隗登　kui deng
秦～前漢初　Qin Dynasty — Early Western Han Dynasty
二・三一×一・二二×一・四八〔〇・七五〕
一五・二 g

164
鼻鈕銅印
bronze; pierced knob

楊齮　yang yi
秦～前漢初　Qin Dynasty — Early Western Han Dynasty
二・〇五×一・一六×一・二四〔〇・七五〕
一一・四 g

165
鼻鈕銅印
bronze; pierced knob

董義　dong yi
前漢　Western Han Dynasty
一・五二×一・五三×一・一〇〔〇・五三〕
七・一 g

166

亀鈕銅印

bronze: tortoise-shaped knob

鮑勲私印　bao xun si yin

前漢　Western Han Dynasty

一・三七×一・四一×一・四八〔〇・八〇〕

七・五 g

167
亀鈕銅印
bronze: tortoise-shaped knob

孫福私印　sun fu si yin
前漢　Western Han Dynasty
一・三九×一・三七×一・四〇〔〇・七八〕
七・四 g

168
瓦鈕銅印
bronze: tile-shaped knob

王福私印　wang fu si yin
前漢　Western Han Dynasty
一・四九×一・四八×一・二四〔〇・六六〕
一二・九 g

169
亀鈕銅印
bronze: tortoise-shaped knob

梁勝之印　liang sheng zhi yin
前漢　Western Han Dynasty
一・三一×一・三五×一・四四〔〇・六八〕
六・五 g

❖亀鈕 Seals with tortoise-shaped knob

170
蛙鈕銅印
bronze: frog-shaped knob

黄勲之印　huang xun zhi yin
前漢　Western Han Dynasty
一・七一×一・六六×一・三八〔〇・四七〕
一七・八 g

172
亀鈕鎏金銅印
gilt bronze: tortoise-shaped knob

董逢　dong feng
前漢　Western Han Dynasty
一・三一×一・三〇×一・四三〔〇・七七〕
一二・一 g

173
亀鈕銅印
bronze: tortoise-shaped knob

楊都私印　yang dou si yin
前漢　Western Han Dynasty
一・四一×一・四二×一・四五〔〇・八五〕
一五・九 g

171 権鈕金印

gold; weight-shaped knob

劉智 liu zhi
前漢 Western Han Dynasty
一・一七×一・一七×〇・六五
八・〇 g

174
亀鈕銅印
bronze: tortoise-shaped knob

史宗私印　shi zong si yin
前漢　Western Han Dynasty
一・六八×一・六九×一・七四〔〇・八八〕
二一・九 g

175
亀鈕銅印
bronze: tortoise-shaped knob

伍永之印信　wu yong zhi yin xin
前漢末（新莽）　End of the Western Han Dynasty (Xin Dynasty)
一・九一×一・八九×一・八八〔〇・九七〕
三一・七 g

176
亀鈕銅印
bronze: tortoise-shaped knob

紀光　ji guang
前漢　Western Han Dynasty
一・七七×一・六九×一・二五〔〇・四一〕
一四・八 g

177
亀鈕銅印
bronze: tortoise-shaped knob

董中舒 dong zhong shu
前漢 Western Han Dynasty
一・四六×一・四五×一・五三〔〇・七六〕
一五・七 g

178
亀鈕銅印
bronze: tortoise-shaped knob

任氏家印 ren shi jia yin
前漢末～後漢 Late Western Han Dynasty — Eastern Han Dynasty
二・二一×二・一六×一・四〇〔〇・五五〕
二四・九 g

179
亀鈕銅印
bronze: tortoise-shaped knob

任賀 ren he
前漢末～後漢 Late Western Han Dynasty — Eastern Han Dynasty
一・七六×一・七三×一・六五〔〇・八三〕
二六・二 g

180

亀鈕銅印

bronze: tortoise-shaped knob

孫部適印 sun bu shi yin

前漢末～後漢 Late Western Han Dynasty — Eastern Han Dynasty

一・六一×一・五五×一・四三〔〇・六六〕

一五・四 g

181

亀鈕銅印

bronze: tortoise-shaped knob

賈延年印 gu yan nian yin

前漢末～後漢 Late Western Han Dynasty — Eastern Han Dynasty

一・四一×一・四二×一・二七〔〇・六五〕

一〇・二 g

182

亀鈕銅印

bronze: tortoise-shaped knob

李乙之印 li yi zhi yin

後漢 Eastern Han Dynasty

一・五八×一・五二×一・四二〔〇・六六〕

九・九 g

183
亀鈕銅印
bronze: tortoise-shaped knob

公孫買　gong sun mai
三国　Three Kingdoms
一・五三×一・四一×一・四一〔〇・七五〕
一四・〇 g

184
亀鈕銅印
bronze: tortoise-shaped knob

呂咸之印　lu xian zhi yin
前漢　Western Han Dynasty
一・四五×一・四六×一・五六〔〇・六八〕
八・五 g

185
亀鈕銅印
bronze: tortoise-shaped knob

徐宏私印　xu hong si yin
後漢　Eastern Han Dynasty
一・三四×一・三九×一・五七〔〇・七一〕
一〇・〇 g

❖瓦鈕印 Seals with tile-shaped knob

186
瓦鈕銅印
bronze: tile-shaped knob

魯胡私印 lu hu si yin
秦～前漢 Qin Dynasty — Western Han Dynasty
一・八七×一・三三×一・二九〔〇・五〇〕
一〇・九 g

187
瓦鈕銅印
bronze: tile-shaped knob

張鳳私印 zhang feng si yin
前漢 Western Han Dynasty
一・九七×一・九五×一・六三〔〇・七七〕
二六・六 g

188
瓦鈕銅印
bronze: tile-shaped knob

左譚私印 zuo tan si yin
前漢 Western Han Dynasty
一・七八×一・七三×一・五五〔〇・七七〕
二一・六 g

189
瓦鈕銅印
bronze: tile-shaped knob

陳賞私印　chen shang si yin
前漢　Western Han Dynasty
一・七八×一・七三×一・五〇〔〇・七五〕
二〇・六 g

190
瓦鈕銅印
bronze: tile-shaped knob

李隆私印　li long si yin
前漢　Western Han Dynasty
一・六五×一・六六×一・五三〔〇・八〇〕
二一・八 g

191
瓦鈕銅印
bronze: tile-shaped knob

朱並私印　zhu bing si yin
後漢　Eastern Han Dynasty
一・七七×一・七八×一・六五〔〇・九七〕
二七・四 g

192

瓦鈕銅印 bronze: tile-shaped knob

胡咸私印 hu xian si yin

後漢 Eastern Han Dynasty

一・五一×一・四七×一・三四〔〇・七七〕

一四・八 g

193

瓦鈕銅印 bronze: tile-shaped knob

商椄私印 shang jie si yin

後漢 Eastern Han Dynasty

一・二八×一・二九×一・四五〔〇・七五〕

八・二 g

194

瓦鈕銅印 bronze: tile-shaped knob

王禹之印 wang yu zhi yin

前漢 Western Han Dynasty

一・八六×一・八八×一・三八〔〇・五四〕

一四・五 g

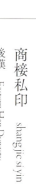

195
瓦鈕銅印
bronze: tile-shaped knob

徐任之印 xu ren zhi yin
前漢 Western Han Dynasty
一・七四×一・七六×一・六四〔〇・八八〕
一七・六 g

196
瓦鈕銅印
bronze: tile-shaped knob

習封之印 xi feng zhi yin
前漢 Western Han Dynasty
二・〇六×二・〇六×一・八七〔〇・九三〕
二四・六 g

197
瓦鈕銅印
bronze: tile-shaped knob

莊德之印 zhuang de zhi yin
前漢 Western Han Dynasty
一・六八×一・六九×一・六八〔〇・九四〕
二四・〇 g

198
瓦鈕銅印
bronze: tile-shaped knob

徐諗 xu shen
前漢 Western Han Dynasty
一・三一×一・二九×一・二九〔〇・六五〕
六・三 g

199
瓦鈕銅印
bronze: tile-shaped knob

董勲 dong xun
前漢 Western Han Dynasty
一・七六×一・七七×一・四五〔〇・七六〕
二一・五 g

200
瓦鈕銅印
bronze: tile-shaped knob

李農 li nong
前漢 Western Han Dynasty
一・七八×一・七六×一・五九〔〇・八五〕
二三・二 g

201
瓦鈕銅印
bronze: tile-shaped knob

鮑嵩　bao song
後漢　Eastern Han Dynasty
一・四六×一・四六×一・五〇〔〇・八三〕
一〇・七 g

202
瓦鈕銅印
bronze: tile-shaped knob

孫憲　sun xian
後漢　Eastern Han Dynasty
一・五六×一・六〇×一・六三〔〇・九〇〕
二一・八 g

203
瓦鈕銅印
bronze: tile-shaped knob

尹忠　yin zhong
後漢　Eastern Han Dynasty
一・三八×一・三六×一・二八〔〇・八〇〕
一一・一 g

❖橋鈕印 Seals with bridge-shaped knob

204
瓦鈕銅印
bronze: tile-shaped knob

五定　wu ding
後漢　Eastern Han Dynasty
一・五一×一・五三×一・〇三〔〇・三八〕
九・五 g

205
橋鈕銅印
bronze: bridge-shaped knob

紀得之印　ji de zhi yin
前漢　Western Han Dynasty
一・七五×一・七四×一・四〇〔〇・五七〕
一六・四 g

206
橋鈕銅印
bronze: bridge-shaped knob

公孫乘印　gong sun sheng yin
後漢　Eastern Han Dynasty
一・四八×一・四九×一・三二〔〇・六七〕
一〇・三 g

❖両面印 Seals with two faces

207
両面銅印
bronze: two faces

虎・鳥紋　Designs of tiger and bird design
前漢　Western Han Dynasty
一・五三×一・五〇×〇・六二
六・七 g

208
両面銅印
bronze; two faces

胡嬰・胡王孫　hu ying and hu wang sun

前漢　Western Han Dynasty

二・一二×二・一三×〇・六三

一四・四 g

209 両面銅印

bronze; two faces

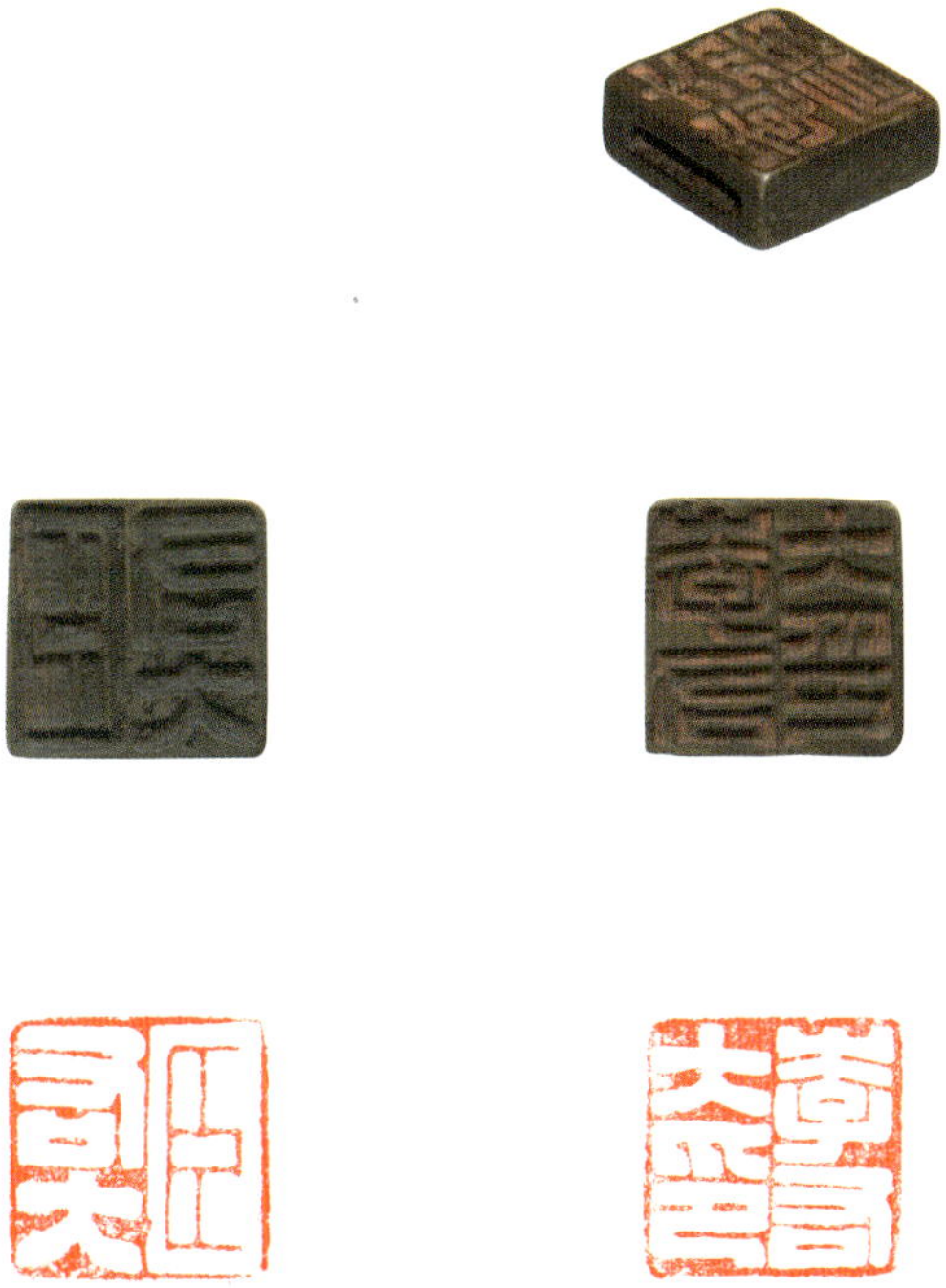

李右大印・臣右大　li you da yin and chen you da

前漢　Western Han Dynasty

一・八〇×一・八三×〇・六六

一二・四 g

210
両面銅印

bronze; two faces

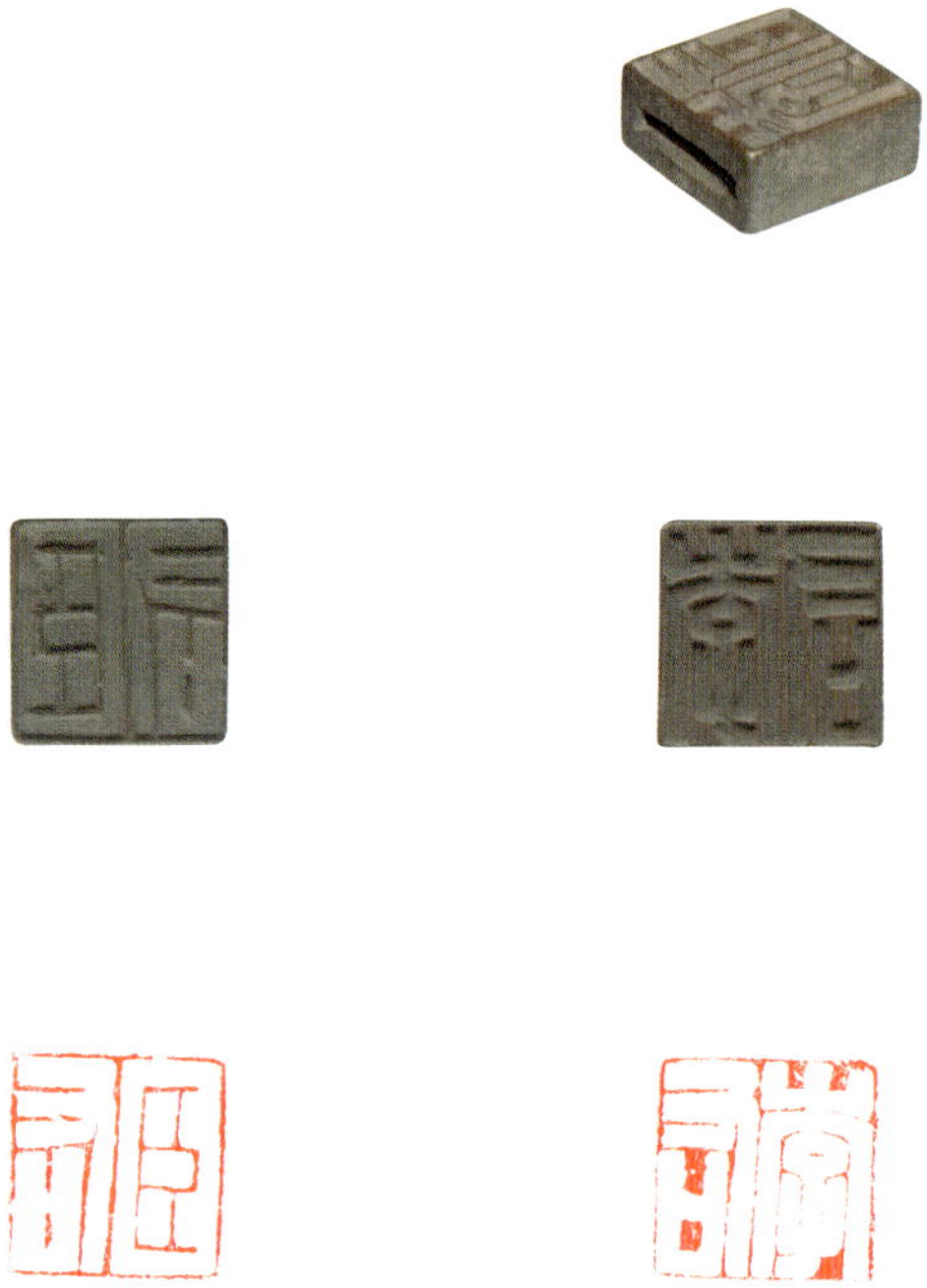

李右・臣右　li you and chen you
前漢　Western Han Dynasty
一・五二×一・五二×〇・六六
八・六 g

211 両面銅印

bronze; two faces

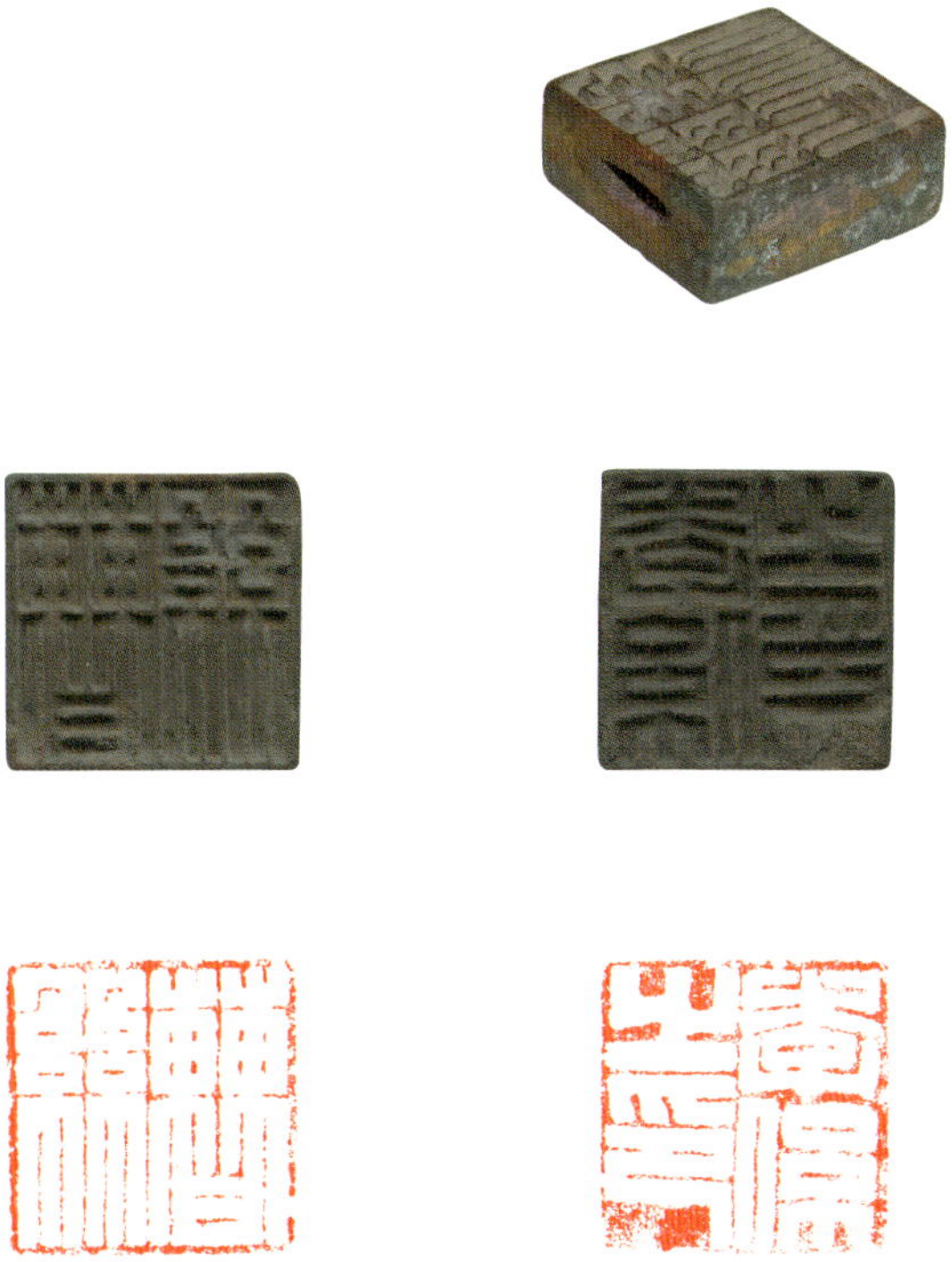

李係之印・曹絲　li xi zhi yin and cao si

前漢末～後漢　Late Western Han Dynasty — Eastern Han Dynasty

二・二二×二・二二×〇・八八

二四・三 g

212
両面銅印
bronze: two faces

張安國・鳥(朱鷺)紋　zhang an guo
and face with bird design
後漢　Eastern Han Dynasty
一・四八×一・四六×〇・四八
七・二 g

❖辟邪鈕
Seals with knob in the form of mythical beast for the protection against evil

213 辟邪鈕鎏金銅印
gilt bronze; mythical beast for the protection against evil knob

夏博　xia bo
後漢　Eastern Han Dynasty
一・三一×一・三〇×一・六五〔〇・五一〕
九・六 g

214

辟邪鈕鎏金銅印

gilt bronze: mythical beast for the protection against evil knob

尹立私印　yin li si yin

後漢　Eastern Han Dynasty

一・二〇×一・二一×一・八二〔〇・六七〕

八・六g

215

辟邪鈕鎏金銅印

gilt bronze: mythical beast for the protection against evil knob

邯鄲拾印　han dan shi yin

後漢〜三国　Eastern Han Dynasty — Three Kingdoms

一・二六×一・二八×一・八二〔〇・七〇〕

一一・三g

216 辟邪鈕母子銅印

bronze; mythical beast for the protection against evil knob

❖套印
Pair of interlocking seals (two or three seals nested)

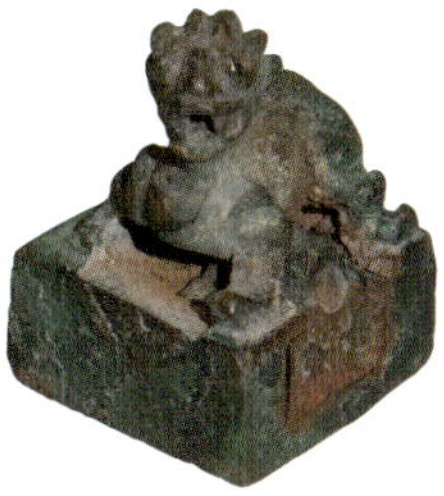

(母)

(子)

(母) 左光印信 zuo guang yin xin
二・一二×二・一〇×二・八〇〔〇・九五〕
三七・九 g
(子) 左光 zuo guang
一・〇七×一・〇六×〇・九七〔〇・六九〕
六・一 g
後漢 Eastern Han Dynasty

217 辟邪鈕母子孫銅印

bronze: mythical beast for the protection against evil knob

(母) 陳南印信 chen nan yin xin

二・一二×二・〇八×三・五四〔一・四〇〕

三二・六 g

(子) 陳南 chen nan

一・二一×一・二八×一・七二〔〇・八七〕

八・〇 g

(孫) 白方 bai fang

〇・九八×〇・八七×〇・五七〔〇・二七〕

二・〇 g

西晋 Western Jin Dynasty

❖六面印 Seals with six faces

218 六面銅印

bronze; six faces

劉躭（懸針篆） liu dan

（天）一・〇八×一・〇四

（地）二・一三×二・〇八×三・四四〔二・〇八〕

八三・九 g

東晉 Eastern Jin Dynasty

劉躭言事 liu dan yan shi

劉躭 liu dan

劉躭之印 liu dan zhi yin

劉躭 liu dan

劉躭白牋 liu dan bai jian

臣躭 chen dan

219 六面銅印

bronze; six faces

劉徳 liu de

（天）一・六〇×一・五二

（地）一・九三×一・九〇×三・八八〔一・九三〕

八一・九g

東晋 Eastern Jin Dynasty

劉徳言事 liu de yan shi

劉徳 liu de　劉徳之印 liu de zhi yin　劉徳 liu de　劉徳白牋 liu de bai jian

臣徳 chen de

寧楽美術館蔵古鉨印選

——方寸の世界に歴史をよむ——

久米雅雄

第一章 日本における中国古印の蒐集と印章五大コレクション

日本には現在「印章五大コレクション」と呼ばれるものが存在しています。中国の印章の蒐集・収蔵において傑出した公共機関の有する古璽印のことで、代表的なものとして、かつては京都の大谷大学・藤井有鄰館・園田湖城旧蔵品（現在、大阪府和泉市久保惣記念美術館所蔵）、そして寧楽美術館の四館のものを指して「四大コレクション」と呼んでいました。最近はこれら京阪奈の印章だけではなく、盛岡の太田夢庵旧蔵コレクション（岩手県立博物館所蔵）も加えて「印章五大コレクション」と呼ぶようになってきています。

中国における印章の歴史は近年の研究では殷周の時代にまで遡ることが明らかになってきておりますが、一九九八年に安陽水利局院内から出土した獣面紋銅璽、二〇〇九年に殷墟西南の王裕口村南地M一〇三地点から発掘された単字銅璽、二〇一〇年に殷墟の劉家庄北地H七七祭祀坑から発掘された文字と夔龍紋の組合せ銅璽などがそのことを示しています。

このように中国にはおおよそ四〇〇〇年にわたる長い印章史があるのですが、基本的にはスタンプ印章が主流であり、その機能は私的なものと公的なものとに分類されます。個人を表示する印章もあれば、氏族や部族に関わるもの、そして国家に関わる印章などもあります。

中国古印の日本への流入は、中国の楊守敬（一八三九〜一九一五）が、初代駐日公使であった何如璋（一八三八〜一八九七）に随行してきた明治十三年（一八八〇）頃からではないかと一般に言われています。けれども最近では江戸時代にすでに流入が始まっていたと考えられています。

印章のコレクションが形成されていくのには当然にその前史があります。

ふりかえってみますと、明治四十二年（一九〇九）には実業家の三井高堅により『聴氷閣蔵古銅印』が刊行され、大正六年（一九一七）には朝日新聞社主の上野理一により『有竹斎蔵鉨印』（序文　羅振玉　長尾雨山　内藤湖南）などが出版されています。これらにより、明治から大正にかけて日本人による中国古印の蒐集が始まっていたことは明らかです。

『有竹斎蔵鉩印』の序文に羅振玉（一八六六〜一九四〇）の名前がでてきますが、一九一一年に中国で辛亥革命が起きると日本に亡命し、我が国の東洋学に大きな影響を与えた考証学者です。来日後、幾つかの印譜を作成し、『罄室所蔵璽印』『赫連泉館古印存』『凝清室所蔵周秦鉩印』という書物を著わします。特にその中に収められている『古印存』は周・秦・両漢から魏晋及び唐宋に至る広範な璽印集であり、やがてこれらの印譜と将来した印章類が大きな影響を及ぼしていくことになります。

同じく序文に名を連ねる内藤湖南（一八六六〜一九三四）は、東京大学の白鳥庫吉（一八六五〜一九四二）とともに戦前の日本を代表する東洋学者で、京都大学にあって京都支那学の形成や邪馬台国畿内説の提唱で有名な学者です。と同時に印章の学術的価値にいち早く気づいた方でもあります。実際には京都の篆刻家園田湖城（一八八六〜一九六八）を藤井有鄰館の主事に推挙し（一九二六）古美術品の整理にあたらせたのも内藤湖南で、園田はやがて寧楽美術館の初代評議員ともなり、優れた実作者であるばかりか、印学推進の上でも大きな役割を果たします。

前後して盛岡では太田孝太郎（夢庵・一八八一〜一九六七）が大正九年（一九二〇）に『夢庵蔵印』、昭和四年（一九二九）に『楓園集古印譜』、昭和七年（一九三二）には『楓園集古譜続』を、京都では藤井静堂（一八七三〜一九四三）が大正十三年（一九二四）に『靄々荘蔵古鉩印』（題字　宰相　犬養木堂、序文　内藤湖南）を、同じく大正十三年に大谷瑩誠は『梅華堂印賞』（題字　園田穆　序文　呉昌碩　羅振玉　内藤虎）を、そして昭和二年（一九二七）には園田湖城が『古璽印々』（一九四一）を成譜し、その後の発展へとつながっていくようになるのです。中村不折（一八六六〜一九四三）、大西行禮（?〜一九三〇）、北村春歩（一八八九〜一九六〇）、横田漠南（一八九四〜一九七五）、小林斗盦（一九一六〜二〇〇七）、梅舒適（一九一六〜二〇〇八）といった方々も古璽印の蒐集ならびに古璽印の成譜に携わった重要な方々です。

とは言え、印譜の原鈐本（原印を直接押捺した印譜のこと）は五部とか一〇部とか五〇部とか通常わずかな部数しか作成しませんので、稀少価値は高いのでしょうけれど、大勢の方々の手元に届いて、学術的な研究や篆刻芸術の深化のために十分資するという段階ではありませんでした。

印章への社会的関心とニーズが次第に高まってくるのは昭和に入ってからのことのようです。

一九三一年～一九三二年には印刷本である『書道全集』が発行されています。第三巻と第二七巻をひもときますと、第三巻の方では「関内矦印」「奉車都尉」などの官印と私印、楽浪出土の封泥などが紹介され、石田幹之助の「西域発見の漢晋代木簡」、関野貞の「封泥」なる論考が付されるようになります。第二七巻の方では「東京　黒田侯爵家蔵『漢委奴國王』(純金)印」のほか、「京都　藤井静堂氏蔵」「京都　大谷禿盦氏蔵」「京都　園田湖城氏蔵」「盛岡　太田夢庵氏蔵」「東京　河井荃廬氏蔵」の先秦璽、先秦漢魏晋印、隋印、宋印、金印(中国北方の女真族の建国した金王朝の印)、元印、明璽・明印、清璽・清印などの巻頭写真、本篇では上記の所蔵者以外の「讃岐　大西行禮氏旧蔵印」「東京　林朗庵氏蔵印」なども掲載されています。この時点ですでに「旧蔵」と記されているものも含まれていますので所有者の変更されたものもあるようです。印影と釈文の紹介が中心ですが、巻末の概説には藤原楚水「古璽印及び印譜について」、石井雙石「印の種類等について」といった論考が付されています。いずれにせよ、これら昭和初年の出版は、古印研究の流れを少しずつ変えた始めた点で高く評価されてよいでしょう。

その後の「印章五大コレクション」についてはいかがでしょうか。

刊行物を年次順に並べて参りますと、まず神田喜一郎監修『大谷大学所蔵　禿庵文庫　中国古印図録』(一九六四)があります。全点の鈕形・印面の写真と印影、釈文、印鈕形状、大きさ(縦横)、備考欄に材質を記した点で画期的な内容です。けれども、真偽の鑑定、鈕別の分類、断代(時代を判定すること)のことなどは保留とされました。

次は園田湖城蔵・加藤慈雨楼編『平盦攷蔵古璽印選』(一九六八)です。一九八〇年に神田喜一郎監修で複印発行されていますが、基本的には朱印影・印面拓影・封泥拓影を掲載したもので、巻末に「羅矦之印」から「晋烏丸率善佰長」までの官印一〇一顆の印文・材質・鈕形が文字表記されています。ただこの書物について加藤先生は、出版前の段階でもう少し吟味し加えておきたい情報があったようで「刊行が早すぎた」とよくおっしゃっておられました。それは法量や断代のこと、あるいは歴史的考察のことであったかも知れません。近年の園田湖城の足跡を解りやすくまとめたものとして、平成二十三年(二〇一一)に『生誕一二五年記念　篆刻家　園田湖城展図録』が、京都国立博物館での開催の折に出版されました。園田湖城門下の水野恵先生、日本篆刻家協会の梅舒適門下の尾崎蒼石、真鍋井蛙といった先生方の論考が掲載されています。

次は寧楽美術館の『寧楽譜』（一九六九）です。中国の青銅器や古鏡については京都大学の林巳奈夫氏、帯鉤や中国古銅印については同じく京都大学の藤枝晃氏が図版目録の解説をされています。印章は全部で一一顆（官印九顆、私印二顆）が採りあげられています。その後、一九七二年～七七年頃にかけて、初代館長でありました中村準佑氏と加藤慈雨楼先生との間で「寧楽美術館蔵古鉨印存」の作成が始まりましたが、ひととおりの印譜の作成は出来上がったものの、古鉨印の真贋の鑑別や分類、釈文を付すことや編年研究および官制研究などは未定のままに終わってしまいました。平成十九年（二〇〇七）以降、調査と研究は再開され現在進行中ですが、本篇に「寧楽美術館蔵古鉨印選」という、一見、難解にみえる標題を付したのには中村準佑初代館長と加藤慈雨楼先生の遺志を、次代に継承発展させていこうという、監修者の深い思い入れと恩顧の精神がこめられているのです。

次は加藤慈雨楼編『有鄰館蔵璽印精華　官印篇』（一九七五）です。これは巻頭に純金亀鈕の「崇徳矦印」「関中矦印」、鎏金亀鈕の「都郷矦印」などをカラー写真で紹介し、亀鈕・鼻鈕・蛇鈕・変型鈕・駝鈕などの鈕ごとの分類を示し、印影・封泥・封泥拓影（封泥を拓本に採ったもの）を掲載し、法量も縦と横だけではなく全高や印台高、さらには重量を含めて示しています。巻末には「璽印精華解説」をつけ、選定された印章五六顆について、少数ではありますが文献的考察と断代（時代判定）を試みています。

最後に取り上げたいのは『太田孝太郎コレクション　中国古印』（一九九〇）です。平成二年（一九九〇）の岩手県立博物館第二九回企画展のおりに作成された図録ですが、岩手県へ寄贈された中国古印一〇九一顆のうち二〇三顆が掲載されています。戦国・秦・漢・六朝のほか隋・唐・宋・遼・金・西夏・元・明・清までの広範な資料を蒐集している点で大きな特色があります。平成二十六年（二〇一四）に「松本清張研究奨励事業」（「松本清張『火の路』とペルシア文化の飛鳥東漸」）の関連で、胡印をはじめとする印章調査の際に実印を調査させていただいたことがございます。

以上が、日本における中国古印の蒐集と印章五大コレクションの概要と研究略史です。

第二章

寧楽美術館所蔵古印との出遭い

世の中を生きていて、人と人との関わりや御縁ができあがっていくその過程というものは人知を超えてまことにおもしろいものだなと感じさせられることがよくあります。「印章とのめぐりあい」もそのひとつです。

わたくし自身が印章研究そのものに深い関心をもっていくようになるのは、立命館大学文学部史学科（日本史学：考古学・古代史専攻）に在籍して「初期ヤマト王権の形成過程」を追究していく昭和四十三年（一九六八）頃のことでした。

当時、明治二十五年（一八九二）に発表された三宅米吉による国宝金印「漢委奴國王」の通説的な読みかた（漢《かん》の倭《わ》の奴《な》の国王《こくおう》）に疑問を持ち始めており（天明四年〔一七八四〕以後、藤貞幹・上田秋成・青柳種信らの「委奴＝怡土＝伊都」国説が主流であった）、金印の印文を検討していくに際し、中国語単一論ではなく中国語方言論（漢音・呉音）の視点を導入し、漢代金印の印制（三段読みはありえない）や北部九州における弥生時代の王墓の分布状況（王墓は伊都国に集中）、『魏志倭人伝』の「伊都国」観と「奴国」観を比較（伊都国には歴代複数の王の記載はあるが奴国には記載がない）、金印鋳造地の使用語音（後漢の都は洛陽なので漢音「いど」で鋳印）などを検討し、金印「委奴＝伊都」国説を発表、北山茂夫教授（東京大学の国史学科を卒業）から「総合的であり、論理的であり、有力である」との評価をいただいた頃あたりから始まっています。

卒業後、滋賀県で考古学の発掘調査の嘱託をしておりましたが、昭和五十二年（一九七七）の春に、県庁近くの本屋さんで羅福頤・王人聰著／安藤更生訳『中国の印章』（一九七六）というネズミ色の箱入りの書籍がふと目に入りました。中を見ていくと印章の写真と印影が数多く掲載されており、特にその朱刷りの印影の鮮やかさはとても魅力的に見え、文字はすぐには読めないものの、自分がこれから踏み込んでいくべき世界はこれかもしれないとの予感に包まれました。

昭和五十四年（一九七九）に大阪府教育委員会文化財保護課の考古学の専門職員として採用が決まり、日常的に発掘調査に従事する毎日でした。五年目の昭和五十八年（一九八三）に上司から何か論文を書くようにと促されて執筆したのが先に述べた「金印奴国説への反論」（『藤澤一夫先生古稀記念古文化論叢』）でした。反響もあり岩波文庫『魏志倭人伝』の参考文献に掲載されたり、学術雑誌『季刊考古学』に評が出たり、大学の先生からも高評価のお手紙を頂戴したりいたしました。

その流れの中で拙稿を読まれた京都藤井有鄰館の理事藤井守一氏（氏は東京工業大学紡織学科を卒業後、三菱レイヨン等に勤務、京都工芸繊維大学、奈良女子大学、大阪市立大学などでも教えられ、その後、神奈川県川崎市へ移られた）より芳翰をいただき「実物銅印によるさらなる研究を」とお薦めくださり、有鄰館の数千の古銅印をお見せくださるとともに「逢わせたい方がいる」とおっしゃって引き合わせをしてくださったのが、園田湖城の高弟加藤慈雨楼氏であったのです。その頃、加藤先生は大著『漢魏晋蕃夷印彙例』『漢魏六朝蕃夷印譜』（一九八六）の第六校に取り組んでおられましたが、この時からわたくしは先生が亡くなられる二〇〇〇年まで、温かく、親切なご指導を賜ることになるのです。それにしてもこの時、藤井先生も加藤先生も八〇歳近く、よくぞ、三〇代半ばの海のものとも山のものともわからぬ若輩のために心を砕いてくださったものだと、その年齢に自らが近付くにつれて、いっそうそのことを深く感謝するのです。

寧楽美術館の資料との初めての出会いは、昭和五十八年に先ほどの「金印奴国説への反論」が出版されました時に、大阪府教育委員会文化財保護課の考古学の同僚が「久米さん！　今、寧楽美術館で中国のはんこが陳列されているよ」と知らせてくれたことに始まります。さっそく奈良まで出かけて行って、展示中の一三三顆を拝見したことを覚えています。その時のパンフレットには「昭和五十八年度　中国の古銅印と高麗の陶磁器」とあり、期間は昭和五十八年三月十九日から昭和五十九年二月末日と記してあります。「鎏金印亀鈕　関内侯印」や「銀印亀鈕　楼船将軍章」、「銅印魚鈕　南郡候印」や「銅印馬鈕　率義侯印」、「銅印駱駝鈕　魏烏丸率善邑長」印や「銅印羊鈕　晋率善氏佰長」印、そして「銅子母辟邪鈕　左光印信」や「銅六面印　劉徳」などが展示されており、壮観でした。亀の甲羅のかたちとか首の向きや長さとか、馬と羊と駱駝の表現の相異などを観察し、スケッチをとり、嬉々として帰ったのを覚えています。

加藤慈雨楼先生のお宅を訪問するようになってから、関西の四大コレクションを教えていただけたので、できるだけ個々の印章を目的意識をもって観察するように心がけました。ある時は「ほんとうに印章を研究したいなら古銅印を一〇〇顆、蒐めなさい」とまで言われました。一見、不可能に思えることを提示されて、験《ため》され、研究に取り組む気概と心根を教えてくださったのだと感じています。当時、山東省の王献唐の『五鐙精舎印話』（一九八五）を読んでいましたが、内容に因《ちな》んで自らのことを「寒士蔵古斎」と呼んでいたこともあります。

実物の印章を研究するために国外所在の印章も見たくなり、昭和六十年（一九八五）の秋に台北の故宮博物院を訪れました。それは一九七四年発行の『故宮璽印選萃』という印章一〇〇顆をあつめたカラー版の美麗な書物をみていたからであり、ただこの書物には断代（時代の表記）がないので現地ではどうなっているのかを確かめたいと思ったからです。現地の展示を見て驚きました。ただ「漢」とだけ表示されていて、それが前漢（前二〇二～後八）なのか、後漢（後二三～二二〇）なのか、それとも蜀漢（後二二一～二六三）であるのかの識別ができていないことに気づかされたのです。前後四六〇年近くも時間の幅があったのでは、歴史学には全く貢献できません。そしてこのことは台北故宮博物院に限らず、中国・日本における印章研究の全体に共通した限界点であることを知ったのです。

そこでこの時代判定、すなわち断代をより精細に行うためにはどのような方法があるのか、それを摸索・探究することになったのです。さまざまに考慮した結果、当時思いついたのは、考古学的な方法や文献史学的な方法、あるいは文字学的な方法を援用し、複眼思考的に綜合していけば何かがみえてくるのではないか、ということでした。

昭和六十二年（一九八七）にひとつの好機が訪れました。奈良国立文化財研究所で埋蔵文化財発掘技術者専門研修「遺跡保存整備課程」（二週間）が開催されることになり、それに参加してくるようにとの業務命令が下りました。暑い八月の後半頃のことでありましたが、そのときに機会をとらえ、寧楽美術館をお訪ねしたのです。当日、中村準佑初代館長が在館しておられ、箱に納められたままの古銅印を見せてくださり、思いがけなくも参考資料まで提供してくださったのです。
　このような経緯を経て「中国古印の考古学的研究」を意識して進めるようになりました。昭和六十三年（一九八八）に「中国古印の考古学的研究」というテーマで、文部省に対して同年度科学研究費補助金を申請し、文部大臣および文部省学術国際局長から平成元年四月二十八日付で科学研究費補助金確定通知書が届き、公務の傍《かたわ》ら、一九八九年に「中国古印の考古学的研究」（全五三五頁）をまとめることができました（『昭和六十三年度文部省科学研究費補助金　採択課題・公募審査要覧』ぎょうせい、一九八八　参照）。

　この文部省採択課題の成果は、その後の印章研究に大いに役立っていくことになるのですが、平成十三年（二〇〇一）に「日本印章史の研究」により博士（文学）の学位をいただき、同年、九州国立博物館設立準備室常設展示専門委員（印章展示）を委嘱され、平成二十二年（二〇一〇）にはそれまでの印章研究の成果が認められて「白川静賞」を、そして平成二十六年（二〇一四）には二〇〇三年以降の「晋率善羌中郎将銀印及周辺歴史之研究」（同年）「日本古代印研究」（二〇〇八）「漢魏晋南宋時代的日中交流史與冊封官印」（二〇一一）「景教印研究」（二〇一三）「日本奈良法隆寺所傳烙印十字考」（二〇一四）などの一連の印学に関する論文が評価されて中国杭州の西泠印社（一九〇四年に創設された中国屈指の書画・金石学・篆刻・印学研究などの学術的殿堂として著名な国際的研究機関）の名誉社員の一員に加えていただきました。

　問題は個人の蔵印家のものも含め、「五大コレクション」の研究と整理を、今後どのように進めていくか、その印章資料の本来的かつ歴史的な価値と意味合いをどのように引き出していくのかということであろうかと思います。

　わたくしのみるところ、蒐集印の写真を撮り、成譜をし、寸法を測るところまでは、大変な労を伴いますが、まずは可能です。加藤先生は「これまでは蒐集の時代やった。今、僕は研究に着手したところや。これからをよろしう」とおっしゃっておられましたが、わたくしの研究は「印章が歴史研究に貢献していくためにはどこを打ち開いていけば展望がみえてくるのか」「印章を本来の機能の中に読み直すためには何ができるのか」、いわば「方寸の世界に歴史をよむ」、そこに主眼と目的があるのです。

寧楽美術館の初代館長中村準佑氏にお目にかかってちょうど三〇年、二代目館長である記久子夫人に中国古印の展示企画専門委員の委嘱をうけてちょうど一〇年のこの節目の時に、少しでも御恩返しができればと心から願うものです。

第三章
印章の調査と研究の方法論

一 真偽の鑑別

印章研究でまず大切なことは「真偽の鑑別」ということです。

ドイツの歴史学者エルンスト・ベルンハイム（一八五〇～一九四二）は、自著『史学入門』（一九二〇／邦訳『歴史とは何ぞや』岩波文庫、一九三五）の中で「古文字学」「印璽学」「古銭学」などにふれた個所において含蓄の深い指摘を数多く行っています。
①史料の選別に当たってまず必要なのは、史料が現実に自称どおりまたはわれわれが考えているとおりのものであるか、すなわち全体あるいは一部分偽作、変造されているとか、われわれが何らか見誤っているとかというようなことがないかについて確信を得ることで、この点は証人許可の際の裁判官と同様である。史料の偽作や誤認は実にさまざまな仕方でほとんどそのあらゆる種類に起こり、かつその理由も実に様々である。この事実の最もよく知られているのは『遺物』、とくに『製作品』の集群についてであり、実に芸術品や工芸品で手を加え得るものはすべて、貪欲な商人たちに偽作され、芸術愛好者だけでなく、考古学者や歴史家さえ瞞着され、これを真物と思って手に入れた……問題の史料の外的形式が、その史料が自称もしくはわれわれのさしあたり仮定する成立時代、成立地の同種の他の史料で、真正なことが知られているものに固有な形式に一致しているか。その史料のうちにあるいはその史料について、人工的、偽造的作為の痕跡がみいだされるか。
②他よりも詳密な史料が、かならずつねに原本に近いものではけっしてない。
③のちの写しが前のものに優ることがある。
これらの指摘は歴史学の基本要素としてきわめて重要な事柄です。

中国の金石学者であった王献唐（一八九六～一九六〇）もその著『五鐙精舎印話』（斉魯書社、

一九八五）の中で、特に山東省臨淄あたりで「古陶文字の偽刻や古印封泥の贋作」が盛んに行われ、とりわけ「古銭とは異なり、少量の銅で高価な古印を産み出せるということで、鋳印が産業として大いに幅をきかした時期があった」ことにも言及しています。また偽古印の製作者、偽封泥の製作者たちの実名を挙げ、「彼らが一〇〇〇点以上も贋作を作り、地中に埋め、年を歴て取り出し、小出しに売って厚利を得ていた」（「古印及封泥之偽制」「出土贋制」）ことも記しています。だからこそ彼は「凡鑑定古物、非見真器、不能定偽（真器を見ることこそが、偽物を看破するための、古物鑑定の極意である）」（「鑑賞」）と確信をこめて断言することができたのです。

羅振玉の子息であった羅福頤（一九〇五～一九八一）も『古璽印概論』（一九八一／邦訳 北川博邦訳『図説 中国の古印――古璽印概論』雄山閣、一九八三）の中の「古璽印及封泥的辨偽（真偽の鑑別）」の章で、

清末以来、戦国の古璽は金石家に重視されるようになり、骨董商は儲けになるので、翻砂の法でどんどん偽物を作り出した。清末の各家の古銅印譜をみると、多い少ないの差はあるものの、いずれも若干の偽品がまじっていることを免れない。このため、真偽を鑑別するのは甚だ重要なことである。鑑別の方法は、主として古璽印の文字書体にもとづき、真品の文字結構の特徴に熟悉すれば、簡単に偽物作りの手ぬかりをみすかすことが出来る。真品と偽品とを対比する方法で眼力を鍛煉しなければならず、最もよい方法は原物を多く見ることであるが、ただ真品を見るだけではなく、疑わしい仿製品には更に注意を要する。多く見て多く比べるのは科学的な方法であり、眼で原物をよくよく比較した上で、更に印影を見れば、真偽を見分けることが出来る。

と述べておられます。

このことは先の王献唐と同じ帰結にいたっているかと思いますが、わたくしは、羅福頤のいう「文字の結構」（文字の構成要素と組み立て）に加え、真贋の判定をするのに印鈕・印体、印面の様式、字形、法量の変遷にも目配りをして、印章研究のもっとも困難な課題である「断代」に挑む必要があると思っています。なぜならこの試みなくしては「歴史」への肉薄はままならず、「方寸の世界に歴史をよみとる」ことはいつまでも不可能のままであり続けるからです。

そして偽印という場合、本物が通用していたのと同時代に製造される官詐称の偽印と、後代に利得のために製造される偽印との大きく二種があることも忘れてはならないと思っています。また「錆」の問題にしても本物の印に本物の錆、本物の印に偽物の錆、偽物の印に本物の錆、偽物の印に偽物の錆という基本的な四類型があることを知っておくのはよいことです。

わたくし自身も若い頃に自分の鑑識眼を鍛えるために、漆黒色のいい感じの「瓦鈕　長山校尉丞印」という印章を手にしたことがあります。瓦鈕の綬（印章についている紐のこと）を通す紐孔の側面の鋳あがりが少し鈍くあまいのと、文字に勢いがなく鏨《たがね》の痕も認められないので、内心「贋物」と判断していたのですが、ぬるま湯につけても「つけ錆」は剥落せず、そこで意を決して、目の細かいサンドペーパーで漆黒をおとし、大阪府立産業技術総合研究所にて蛍光X線分析をしてもらったところ、銅、錫、鉛等に混じって亜鉛の含有率が極めて高く、予測どおり、青銅ではなく真鍮製の偽物であることを確認することができたのでした。

真偽の鑑別については拙著『日本印章史の研究』（雄山閣、二〇〇四）の第一章において「皇帝信璽」封泥、「假司馬印」封泥、亀鈕金印「石洛侯印」、亀鈕印「晋帰義夷王」印などの類例を具体的に挙げて解説していますので、それらを参照していただけると解りやすいかと思います。

二　文献史料と実物印章

中国の印章について研究を進めていこうとする時に最初に採る方法は、多くの場合、文献史料の調査から入っていくのが通常です。

中国における歴代の官制につきましては実に多くの図書が編まれてきました。司馬遷の『史記』に始まる二四書の中国正史「二十四史」の研究は重要で、手元にあって選び出した近年のものだけでも黄本驥編『歴代職官表』（一八四六）、和田清『中国官制発達史』（一九四二）、栗原朋信『秦漢史の研究』（一九六〇）、日中民族科学研究所『中国歴代職官辞典』（一九八〇）、臧云浦・朱崇業・王云度『歴代官制、兵制、科挙制表釈』（一九八二）、安作璋・熊鉄基『秦漢官制史稿』（一九八四）、柳春満『秦漢封国食邑賜爵制』（一九八四）、陳茂同『歴代職官沿革史』（一九八八）

戦国時期全図

秦時期全図

など、数多くの図書を挙げることができますが、秦漢以降の研究が主流でした。韓・魏・趙・燕・斉・楚・秦など、戦国時期の文字や官制の研究はいまなお課題が多いようです。

これらの図書の中で「中国の官制と印章」との関連について述べた著作はといえばさらに少ないように思われます。

『歴代官制、兵制、科挙制表釈』や『歴代職官沿革史』により、秦・漢・三国・両晋・南北朝時代等の中国の中央官制と地方官制、そして印章との関連を概観しておきますと以下のとおりです。

秦代の中央官制・地方官制と印綬

秦代（前二二一～前二〇七）の中央部門の主要官職については、まず丞相（天子を助ける）・太尉（武事を掌る）・御史大夫（副丞相）から成る「三公」と奉常（宗廟礼儀を掌る）、郎中令（宮殿門戸を掌る）、衛尉（宮門衛兵を掌る）、太僕（輿馬を掌る）、廷尉（刑罰を掌る）、典客（少数民族の事を掌る）、宗正（帝室の親族を掌る）、治粟内史（穀貨を掌る）、少府（山海池澤の税を掌る）などから成る「九卿」と呼ばれる高官、そして中尉（京師を護る）、将作少府（宮室を治める）、典属国（蛮夷降者を掌る）、詹事（皇宮太子の家を掌る）、内史（京師を治める）、主爵中尉（列侯を掌る）などのその他の中央官僚から成り立っていました。印章との関連で言えば「三公」のうち丞相・太尉には「金印紫綬」、御史大夫には銀印青綬、「九卿」には銀印青綬（中二〇〇〇石）、また将作少府から主爵中尉にも銀印青綬（中二〇〇〇石）が賜与されていたようです。

秦代の地方部門の主要官職については、郡守は二〇〇〇石で銀印青綬、それを補佐する郡尉は比二〇〇〇石の銀印青綬、佐守である郡丞は六〇〇石で銅印黒綬、兵馬を掌り辺郡に設けられた長史も同じく六〇〇石の銅印黒綬であったようです。

県には万戸以上のところには県令が置かれ一〇〇〇～六〇〇石で銅印黒綬、万戸に満たないところには県長がおかれ五〇〇～六〇〇石で銅印黄綬、県丞には四〇〇から二〇〇石で銅印黄綬、県尉も同様であったことが記されています。丞・尉は長史と称されることもあり、一〇〇石以下

後漢時期全図

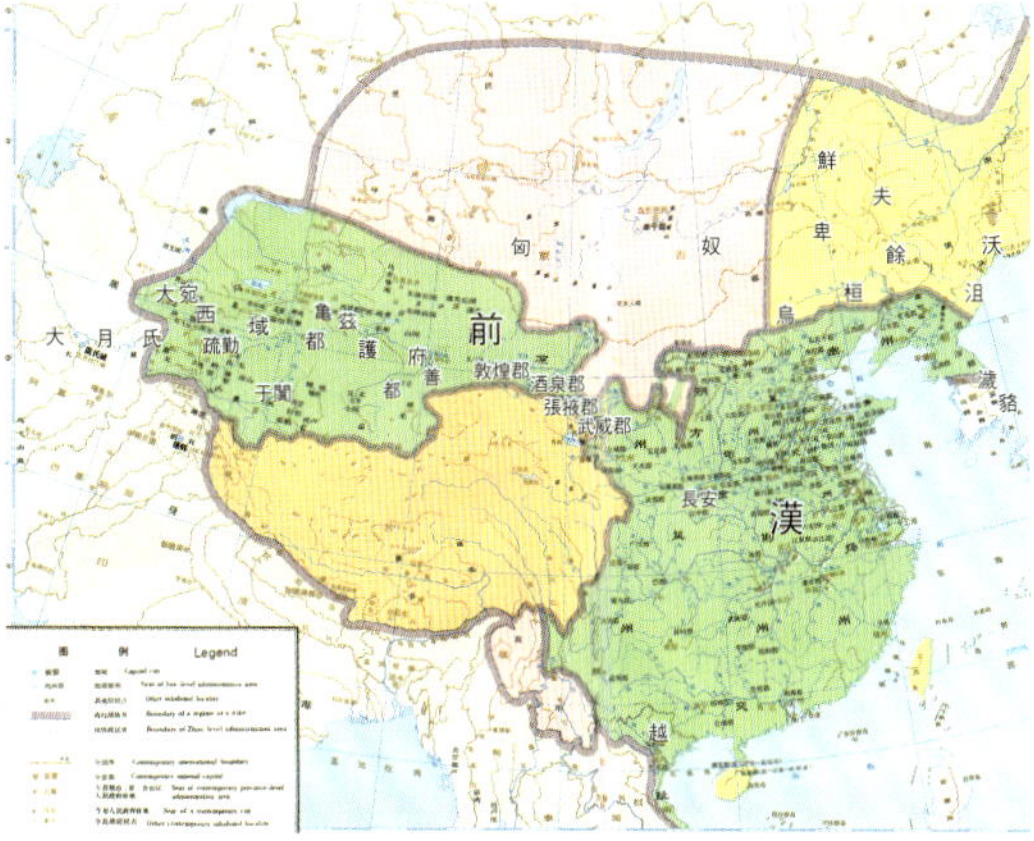

前漢時期全図

の者は斗食、佐史と呼ばれ、少吏と称されたことなどが記されています。役職の高下に関わりなく、印綬を与えられなかった無印綬の官も多かったようです。

前漢時代の中央官制・地方官制と印綬

前漢時代（前二〇二～後八）に入りますと、中央部門の三公と九卿の間に将軍が置かれ、大将軍、前・后・左・右将軍などが金印紫綬で配されます。そのほか、司隷校尉、城門校尉、京師八校尉（中壘、屯騎、歩兵、越騎、長水、胡騎、射声、虎賁）などの主に帝都を護る官も二〇〇〇石の銀印青綬で設置されます。

地方部門には州に刺史（武帝の時に一三部州刺史）が六〇〇石で配置され（成帝のとき牧と改称され二〇〇〇石の秩となる）、郡守（二〇〇〇石で銀印青綬）、郡丞（六〇〇石で銅印黒綬）、長史（六〇〇石）、県令（一〇〇〇～六〇〇石）、県長（五〇〇～三〇〇石）、県丞（四〇〇～二〇〇石）、県尉（長吏　同前）、斗食、左史（少吏　一〇〇石以下）などがおかれます。この時期、辺地における西域統治と関わる西域都護や戊己校尉（比二〇〇〇石）の設置にも注意が払われてよいでしょう。

後漢時代の中央官制・地方官制と印綬

後漢時代（二三～二二〇）の官制については、中央官制の上公である太傅（万石）の下に三公である太尉、司徒丞相、司空（御史大夫）の三者が万石の「玉印紫綬」をうけていて、その印章の記述に大きな変化が生じています。また九卿は大鴻臚、大司農、少府など中二〇〇〇石の「犀印青綬」、在京の官員である五官、左右、虎賁、羽林中郎将、光禄大夫、侍中は比二〇〇〇石の「犀印青綬」、尚書令は一〇〇〇石の「犀印黒綬」、尚書僕射や六曹尚書は六〇〇石の「犀印黒綬」（少府に属し印工文書を掌った蘭台令史も六〇〇石の「犀印黒綬」）、文書の起草を担当した侍郎は四〇〇石の「犀印黄綬」、比一〇〇～比三〇〇石の属官には「牙印黄綬」などと記されています。材質に「金銀銅から玉犀牙への変質」が見られることに注意を惹かれます。

西晋時期全図

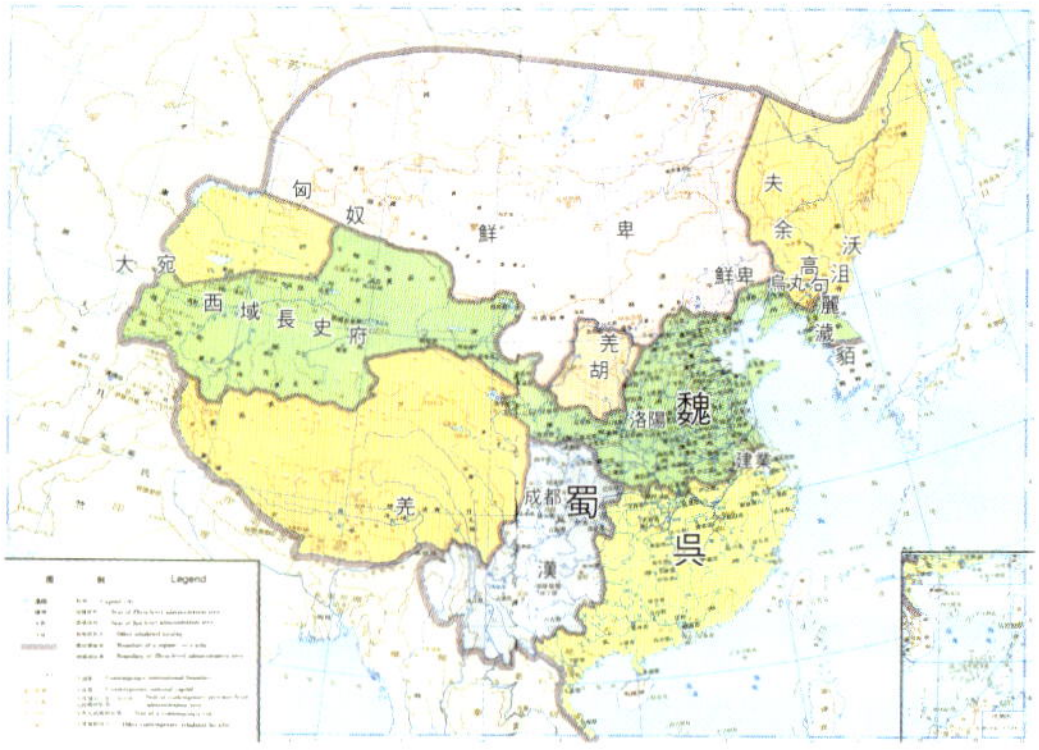

三国時期全図

地方官制も同様で、州刺史は六〇〇石の犀印黒綬（のち州牧と改称し二〇〇〇石の犀印青綬）、郡太守は二〇〇〇石の犀印青綬、県令は秩一〇〇〇石、県長は四〇〇或いは三〇〇石、県丞は四〇〇或いは三〇〇、二〇〇石、県尉も同様、辺地を治めた匈奴族の事を掌った使匈奴中郎将、烏桓族の事を掌った護烏桓校尉、羌族の事を掌った護羌校尉などは皆比二〇〇〇石の犀印青綬と記されています。但し、後漢時代に犀印の官印を実際に見ないものですから材質の変化の真否を確かめたいものです。

【三国、両晋、南北朝時代の中央官制・地方官制と印綬】

その後の三国、両晋、南北朝時代についてはどうでしょうか。

三国時代（二二〇～二八〇）の中央官制については上公、台省（尚書台、中書省、秘書省・御史台）、列卿、中領軍などの主要官職や品級や補足説明はありますが、印綬への言及はありません。地方官制についても州刺史、郡太守、県令、県長への言及はありますが、印綬に関する説明は特になされていません。

両晋（二六五～四二〇）の時代は中央の相クラスの丞相、相国に「極品　金章緑綬」、公クラスの文官公（太宰・太傅・太保など）や武官公（大司馬、大将軍、太尉など）に「第一品　金章紫綬」、台省クラスの尚書令に「第三品　銅印墨綬」を授けられたことなどが記されていますが、詳しくは述べられていません。また地方官制についても、州郡県の主要官職と品級への言及はあるものの、印綬との関連はほとんど述べられていないようです。

南北朝時代（三八六～五八九）についても同様で、印綬のことは特に採りあげられておりません。

以上、『歴代官制、兵制、科挙制表釈』の簡表と『歴代職官沿革史』からその概要を追ってみました。

それでは「官制と印綬との関連が語られない」という場合、それは当時、印制（印章の制度）

南北朝時期全図

が機能していなかったかという意味でしょうか。必ずしもそうではなく、それは編纂する執筆者の関心と意識を投影しているにすぎない場合があります。

そのことは南朝宋（四二〇～四七九）のことを扱った『宋書』「志第八礼五」（礼志）が、「皇太子、……諸王、金璽、亀鈕、纁朱綬」、「大司馬、大将軍、太尉、凡将軍位従公者、金章紫綬」「征、鎮、安、平、……征虜、冠軍、輔国、龍驤将軍、金章紫綬」「県、郷、亭侯、金印紫綬」「鷹揚、折衝、軽車、揚烈、威遠、寧遠、虎威、材官、伏波、凌江諸将軍、銀章青綬」「虎賁中郎将、羽林監、銅印、墨綬」「護匈奴中郎将」、「護羌夷戎蛮越烏丸西域戊己校尉、銅印、青綬」「尚書左右丞、秘書丞、銅印黄綬」と当時に盛行していた印制のことを整然と記していることから明らかであり、印章記事の欠如は必ずしも印章機能の不在を示すものではないことに注意を払っておく必要があります。

文献史料と実物印章の対比的研究

文献史料と実物印章の対比的な研究を行う場合の基本は、やはり「史書」そのものに立ち返って研究すべきではないかと考えています。

司馬遷の『史記』「秦始皇本紀」には「御璽」や「太后璽」といった、皇帝や皇帝の母、その他の印章への言及があります。蔡邕の「璽者、印信也。天子璽白玉螭虎鈕」、衛宏の「秦以前、民皆以金玉為印、龍虎鈕、唯其所好。秦以来、天子独以印称璽、又独以玉、羣臣莫致用」といった補註も付されていて貴重です。また「南越列伝」には南越王璽、丞相銀印、内史、中尉、大傅印への言及があり、また「西南夷列伝」には元封二年（前一〇九）の「滇王の王印」賜与の記事が載せられています。広東省や雲南省での考古学的な発見とも絡んで興味深い記述と感じます。

班固撰『漢書』は古代官制における印章の位置づけを体系的・総体的に最初に論じた書物としてきわめて重要です。『漢書』百官公卿表の「相国、丞相、皆秦官、金印紫綬、掌丞天子助理萬機」「御史大夫、秦官、位上卿、銀印青綬、掌副丞相」といった記事、「爵：十九関内侯、二十徹侯。皆秦制、以賞功労。徹侯金印紫綬」、「凡吏秩比二千石以上、皆銀印青綬、光禄大夫無。秩比六百石以上、皆銅印黒綬、大夫、博士、御史、謁者、郎無。其僕射、御史治書尚符璽者、有印綬。比二百石以上、皆銅印黄綬」といった叙述、あるいは匈奴傳中の王莽の建国元年（後九）における「匈奴単于璽」から「新匈奴単于章」への更改記事など、印章研究を深めていく上で重要な示唆を与えるものです。

　とはいえ、文献史料の記述がオールマイティかというと必ずしもそうではありませんので、そこは少し弁《わきま》えておく必要があります。たとえば先ほど『後漢書』から後漢時代の印制に少しふれましたが、官印に犀印や牙印のことが出てまいりました。文献史料だけを読んでいると何も感じられないかもしれませんが、実際に古銅印を蒐集したり、出土古印を調べている方は、漢代の官印中に『後漢書』の記すような犀印や牙印があるとは信じがたいことでしょう。いわばこの部分は『後漢書』の錯誤部分ではないかと気づかれているにちがいありません。

『後漢書』は一般に南朝宋の人である范曄（三九八～四四五）の手になるものと考えられていますが、しかし范曄が執筆したのは本紀と列伝のみで、律暦、礼儀、祭祀、天文、五行、郡国、百官、與服等の八志は西晋の司馬彪の『続漢書』を補ったものです。北宋本（九九四）、南宋本（一〇〇五）のあと、劉昭の『続志』を加えた南宋版（一〇二二）が出て、その後の汲古閣本、武英殿本、紹興本などの比較校訂が進められているというのが実状です。このうちの紹興本も善本であるとの評価は得ていますが、錯字が少なくない、原本が欠失して別本の補入があり、版刻錯字も顕著であるとされています。したがってこのような史書の成立過程を知った上で情報の吟味をしなければ、真実を見誤ってしまうことになります。『後漢書』志第三〇の「與服下」に冠のこと、佩刀のこと、佩印のことなどが記されていますが、「佩雙印、長寸二分、方六分。乗輿、諸侯王、公、列侯以白玉、中二千石以下至四百石皆以黒犀、二百石以至私学弟子皆以象牙」というように官印に犀印、牙印と記されたのには北宋、南宋以降の印章に関する知見が反映されていると判断しています。とは言え、徐廣の「太子及諸王金印、亀紐、纁朱綬」、あるいは『東漢書』から「建武元年（後二五）、復設諸侯王金璽綟綬、公侯金印紫綬」「銀印青綬」「銅印黒綬」「銅印黄綬」などの記事を引いているところを見ますと、常に古代の淵源と真相に肉薄しようという意図と姿勢は見えるような気がいたします。

　以上をまとめますと、文献史料は情報提供の基本要素としては大切ですが、必ずしも歴史との関連での同時代性や現地性をもたず、むしろ時代の進展に伴い、齟齬や誤認を拡大する傾向もありますので、史料批判的に慎重に用いていく必要があるということになります。ある場合には文献史料の非を糺《ただ》していくのが、印学の大きな役割のひとつということができるかもしれません。

　ところで、上述のような貴重な文献史料だけ見ていましても、印章自体の実際の姿は確定できません。文献の記述を主軸にして実物印章を判断しようとすると誤る場合もあります。同じ「亀鈕金印」であっても、時代の進展に伴って鈕形は変わり、印文の様式や字形も変遷し、その法量も変化していきます。印章に歴史の同時代的証人としての資格を付与するためには真贋の鑑別の上にたった断代はきわめて重要な作業であるということができます。そのことを具体的にどのように進めていくことができるのか、次にその方法について考えていくことに致しましょう。

三　中国古印の考古学——実物印章断代の方法論——

　文献史料と実際の印章との関わりを追究しようとされた方の中に、先に採りあげた盛岡の太田孝太郎氏（一八八一～一九六七）がおられます。昭和三十一年（一九五六）の「中国古印概説」（『定本書道全集』印譜篇所収）の中で、序説のあと「古鉨」「秦印」「漢魏六朝印」「隋唐印」「宋西夏　金　元　明印」などについて「史書」の該博な知識を援用しながら簡略に述べておられます。昭和九年（一九三四）の『古銅印譜挙隅』、昭和四十一年（一九六六）の『漢魏六朝官印考』における厖大な官制の整理（王侯君～蛮夷まで。一七五頁の「漢魏六朝官印分類表」を参照）、没後の昭和四十二年（一九六七）の双鉤印譜（現代のコピーではなく、双鉤填墨の方法による篭写しの印譜）である『漢魏六朝官印考譜録』、昭和四十四年（一九六九）の『古銅印譜挙隅補遺』などは、いずれも印譜・印章を蒐集し、史書を考究し、印学の大成にむけて邁進された太田夢庵氏の大きな功績ということができます。困難な印章の断代（時代判定）に肉薄しようとされていたことは、太田氏の論の立て方や図版の構成の仕方などからわかります。

京都の加藤慈雨楼先生（一九〇四〜二〇〇〇）も同じく断代の解明を意識されていたように思われます。研究成果をご報告するために自宅にお伺いしますと、中華書局版の「史書」が二種置いてあり、ひとつは閲覧用、ひとつは研究のための切張用で、官職をよく整理されて、「史書と印章はなかなか合わへんなあ」とよく言っておられました。そのような労苦の上に『有鄰館蔵璽印精華　官印篇』（一九七五）や『漢魏晋蕃夷印彙例・漢魏六朝蕃夷印譜』（一九八六）などは成立していったものと思われます。

もうお一方は、東洋史学者であった早稲田大学教授の栗原朋信博士（一九〇九〜一九七九）です。『秦漢史の研究』（一九六〇）で先駆的仕事を果たされ、特にその中の「文献にあらわれたる秦漢璽印の研究」及び「漢帝国と印章――『漢委奴國王』印に関する私印説への反省――」などはとても興味深い論考です。「帝室の璽印」「内臣の璽印」「外臣の璽印」について、「璽」「璽」の区別はできていないものの、「史書」から系統的に深く論じ、時には『漢書』朱買臣傳の「会稽太守章」のことや『後漢書』馬援傳の城皐県令（皐字為白下羊）・県丞（四下羊）・県尉（白下人、人下羊）印の字画の乱れのおもしろいエピソード等にふれながら、文献史料を主軸においた論を展開されました。ただあまりに文献史料を印章判定の中心に置きすぎたため、たとえば国宝金印「漢委奴國王」印について、①印文の末尾に「印」「章」などの一字が欠けており、②亀鈕ではなく蛇鈕であり、③印文中に「國王」とあって「王」字の上に「國」字が附されていることなどを理由に「私印説」を主張されました。一九六九年に栗原氏は検討の結果この説を撤回されましたが、自説の誤りやまちがいを認めることのできる学者・研究者は立派であると思います。

以上の事から見えてくるのは、先にも述べたように「文献史料は大切な基本要素ではありますが、必ずしも同時代性や現地性をもたない。時代の進展に伴い、互いに齟齬や誤認を拡大する場合がある。それを糺しうるのは同時代性と現地性を伴う考古資料である。印学は時に文献史料の正しさを確定し、時にその誤りを正す」との立場であり、その視座で着手したのが「中国古印の考古学的研究」であったのです。

先にも述べたように一九八三年の「金印奴国説への反論」発表以降、実物印章による中国古印の研究に着手し、一九八八年度には文部省科学研究費をいただいてその成果を実績報告書「中国古印の考古学的研究」としてまとめました。その内容が、九州歴史大学講座第一一号『方寸の世界』に歴史をよむ——中国古印の考古学——」（一九九一）の中に掲載されていますので、要点の一端をご紹介しておきましょう。

【中国古印の考古学的研究】

中国の印章はそのほとんどが方寸（一寸四方）ほどの小さな美術工芸品である。今年（一九九一）の二月にオープンしたわが大阪府立弥生文化博物館にも金印のレプリカがおかれているけれども、立ち止まってこれを子細に観察しようとする来観者はごく稀である。京都の藤井有鄰館や奈良の寧楽美術館にも中国のすぐれた印章のコレクションがあるけれども「あー、中国のはんこや！」といって、あっという間にとおりすぎていく人々が大半である。そんななかに時折中国の印章に熱心に見入っているひとがあるけれども、お尋ねしてみるとたいていは書道家の方であったり、篆刻家の方であったり、歴史というものにふつう以上に注意を払う在野の研究者であったりされる。中国の陝西省博物館や洛陽博物館においてもほぼ同様の反応であった。それほどまでにこの小さな美術工芸品は、その具有している真の歴史的価値にもかかわらず、一般においてもまた専門家たちのあいだにおいてさえ、いまだその価値を十分に引き出されず、あるべき位置におかれているとはいえない状況にある。

中国はその完備された『史書』によってもあきらかなように「古代印章帝国」と呼んでよいほどに、その国家の機構もしくは民衆統治のための官僚制は、いわゆる古璽印によってよりよく反映されている。中国の古代国家の機構を考えていく上で、あるいは東アジア史のなかにおける日中外交の歴史的変遷をとらえていく上で、中国古印はきわめて重要な

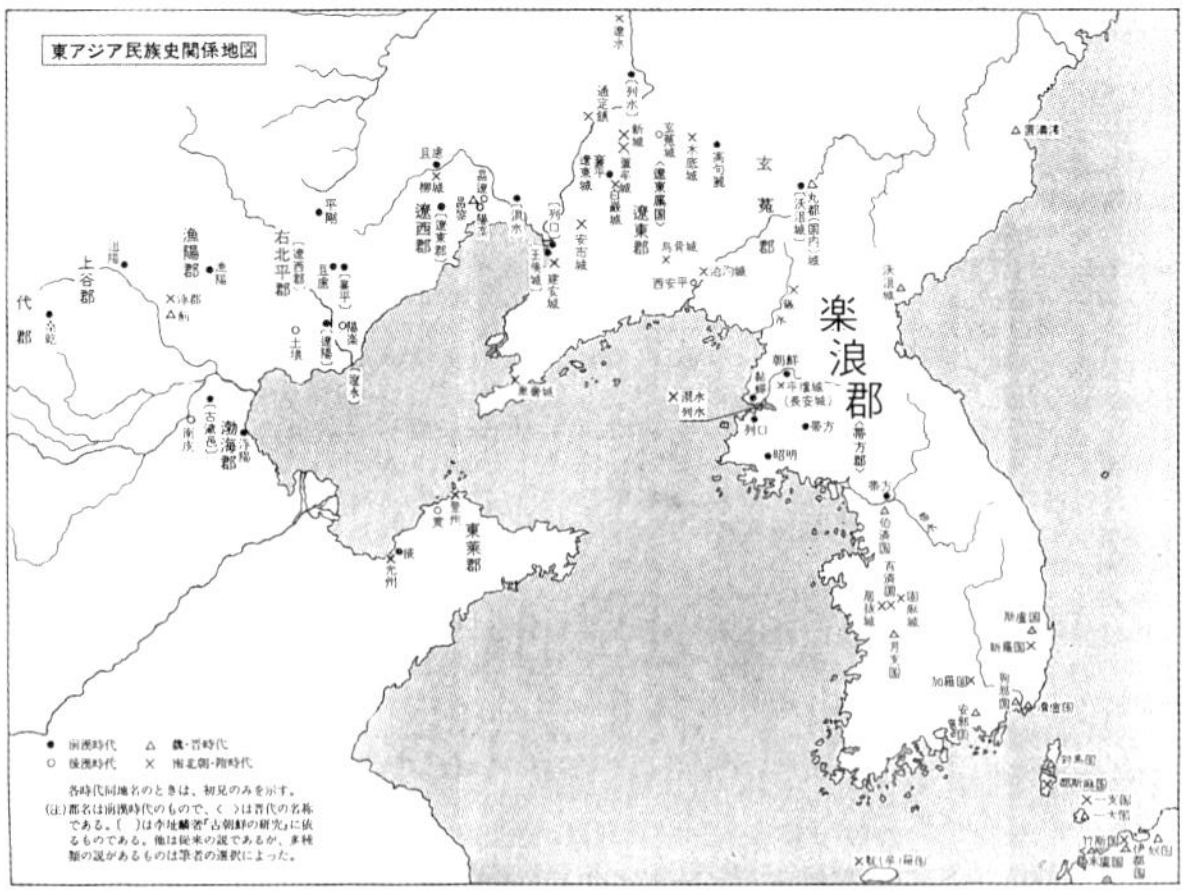

東アジア民族史関係地図
井上秀雄他訳注『東アジア民族史一』(1976)より

文化遺産であるにもかかわらず、ごく少数の例外をのぞけば、これら印章資料が考古学的あるいは歴史学的視点から考察されることは従来はほとんどなかったといってよい。

中国における古印研究は早くも宋代の金石学の擡頭期には始まっているが、宋代・徽宗（一一〇〇〜一一二五）の『宣和印譜』、元代・吾丘衍の『学古編』（一三一一以前）、明代顧従徳の『集古印譜』（一五七二）、羅王常の『秦漢印統』（一六〇八）、清代・呉雲の『二百蘭亭斎古銅印存』（一八六二）、陳介祺の『十鐘山房印挙』（一八七二）などを挙げることができる。また清朝考証学の興隆にともなって一部「文字学的」あるいは「歴史学的」な研究もくわわりはじめる（瞿中溶の『集古官印考証』や羅振玉の『璽印姓氏徴』など）が、しかし印章研究そのものは近年の羅福頤の『印章概述』などをもってしても、いまだに伝統的な平面的研究法の域を脱することに成功しているとは言えない。

他方我が国における印章研究であるが、天明四年（一七八四）の志賀島における金印「漢委奴國王」印の発見が大きなインパクトとなったであろうことは間違いないところである。この「漢委奴國王」がいったい誰であったのかという問題は今もなお尾を引いている問題である（松下見林の大和説、本居宣長のわぬ説、藤貞幹・上田秋成・山片蟠桃らの伊都説、鶴峰戊申の熊襲説、三宅米吉の倭の奴國説など）が、明治十三年（一八八〇）に駐日公使館員の楊守敬が中国古印を将来したこと、また明治末年の辛亥革命を経て大正時代にはいって陳氏旧蔵の銅器・璽印・封泥などが多数流入したことを契機として、まず事業家や篆刻家による資料収集・印譜作成がなされている（上野理一の『有竹斎蔵璽印』・太田孝太郎の『夢庵蔵印』・藤井善助の『靄々荘蔵壱百鈕』・大谷尭庵の『梅華堂印賞』・園田湖城の『黄龍硯斎周秦古璽続』・加藤紫山の『寧楽美術館蔵古鉨印存』〔未完〕など）。またこれらの動きと並行して、当時の国情の中で朝鮮半島で発掘調査に従事した学者たちもあったが、関野貞による「楽浪土城の封泥」（一九二三）や藤田亮策による「楽浪封泥攷」（一九三四）、小場恒吉による「王光墓（貞柏里一二七号墳）の発掘調査（一九三二）、榧本杜人による石巌里二一九号墳の発掘調査（一九四二）などは、封泥、印章資料を伝世品としてではなく、遺構と遺物の一括関係の中でとらえた重要な成果群であるということができる。

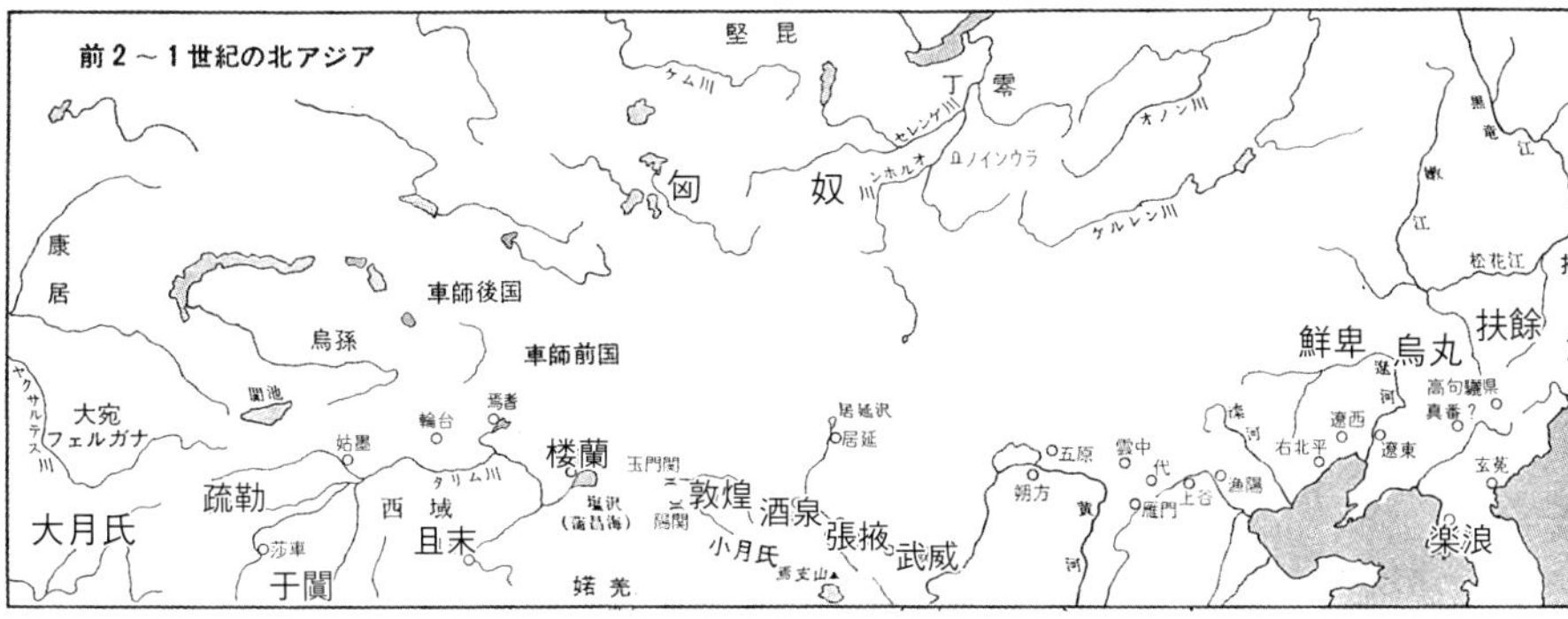

騎馬民族史関係地図

内田吟風・田村実造他訳注『騎馬民族史一』（1977）より

しかし、この時点では中国古印自体の細かい断代のことや型式学的な変遷のこと、あるいはその体系化のことなどは指向されなかったようであるが、内藤湖南などはかねがね印章研究の必要性をたえず力説されていたとのことである。調査時の先学たちの作成された詳細な報告や資料類が今ものこされており、はじまったばかりの中国古印の考古学的研究のために大いに資することはよろこばしく有り難い限りである。

さて中国の古印を体系化をめざして考古学的に研究するとはどのような意味であろうか。それは①故宮博物院や吉林大学などのもつ蒐集古印のうち、まず資料批判の作業を通じて偽封泥・偽印の類をとりのぞくこと、②印そのものはその形式（form）からいえば覆斗鈕・鼻鈕・瓦鈕・橋鈕・亀鈕・蛇鈕・羊鈕・駝鈕・馬鈕印などに分類されるが、これらの印が鼻鈕なら鼻鈕、瓦鈕なら瓦鈕、亀鈕なら亀鈕で、どのように同一形式内でその個々の型式（type）を変遷させていくのか、それを理論的・仮説的に配列し、その上で③実際の発掘調査で出土した印章資料でもってその図式の当否を検証しようとするものである。いままで数百に及ぶ発掘調査による出土印を検討してきたけれども、その結果、鈕型式の変遷の過程に加えて、④「田字格」様式の時代範囲、⑤「印」字・「王」字・「尉」字などの書体（字形）変遷の様相、⑥印面冒頭の「漢」・「魏」・「晋」といった（宗主国の）表現に加えて共伴遺物も時代性をあきらかにしていること、また⑦印を型式学的に並べて実年代との関連を追究しようとする時、時折、基準印ともいうべき複数の定点をみいだすことができ、この要素が中国古印のチャートをつくりあげていく上で大いに寄与するものであることが明らかになった。長沙馬王堆二号漢墓出土の「長沙丞相」印（前一八六）、広東省南越王墓出土の『文帝行璽』（前一二八～一一七）、雲南省石寨山六号墓出土の『滇王之印』（前一〇九以後）、陝西省陽平関出土の『朔寧王大后璽』（三二）、福岡県志賀島出土『漢委奴国王』印（五七）、江蘇省甘泉二号墓出土の『廣陵王璽』（五八）、熱河省北票県出土の『車騎大将軍章』（四一五）、河北省定県出土の『魏昌令印』（四八一）などが古印編年上の基準定点である。

とのべて、そのあと一世紀の国宝金印「委奴＝伊都」国説や三世紀の「親魏倭王」金印や「魏率善倭中郎将」「魏率善倭校尉」銀印のことなどへの考察を試みたのでした。

この若い時の「中国古印の考古学的研究」から四半世紀以上が経過しました。その間にも多くの新しい資料が発見され、それに伴う研究も、国内外で発表されるようになりました。「五大コレクション」も現地で拝見させていただきました。また熱心な蒐集家の方々による立派な蒐集品やその成果である図録も研究させていただきました。いずれも素晴らしい出来栄えです。

わたくし自身は二〇〇一年に「日本印章史の研究」で博士学位を取得し（同書は雄山閣より二〇〇四年に発行）、二〇一六年にはその後の研究成果を加えて、一般向けの『はんこ』（法政大学出版局）を刊行していただきました。しかし、研究はまだまだ途上です。

先にもふれましたように、真偽の鑑別は印学の総合作業の中でなされていくものであり、特に「断代」には今もなお難しさが内在しているのは事実です。多くの図録は内容を一新しつつありますが、鈕は混在し、その変遷の図式は字形の変遷との一括関係の中で明示されず、法量も測定はされていますが、何のために測っているのかが意識されていない（法量規準は各王朝がそれぞれの威信をかけて交付した、時々の権力行使の表象であることが必ずしも認識されていない）記述になっています。また断代についてもその判定根拠が示されてこなかった、あるいはその有効な方法論が見出せていなかったところに、今までの印章研究遅滞の原因があり、逆にこれからの研究と改善の余地が残されていると言えます。

これらの点をふまえながら、印章研究の基本形を示す考古学・歴史学・文字学・印学等の複眼思考的綜合の小さな試みのひとつとして「寧楽美術館所蔵の印章」について述べておきたいと思います。

第四章
寧楽美術館所蔵古印の調査と研究

一　寧楽古印コレクションの全体像

まずはコレクションの全体像からご紹介します。

現在、寧楽美術館所蔵の印章は、全体二二箱に約二〇九〇顆の印章が収められています。

一号箱と二号箱には主として秦漢以降の官印・蕃夷印が収められています。

一号箱には「関内矦印」をはじめ「楼船将軍章」「安陵令印」「軍司馬印」「別部司馬」印といった官印、二号箱には「巧工司馬」「部曲将印」「建始長印」「晋率善氐佰長」「漢叟邑長」印といった官印・蕃夷印と「任氏家印」といった私印が収められています。

三号箱から一四号箱までは私印が収められています。

三号箱には「紀光」「楊都私印」、四号箱には「李乙之印」「孫部適印」、五号箱には「夏博」「邯鄲拾印」、六号箱には「李隆私印」「王禹之印」などが収められており、七号箱には「公孫乗印」「徐任之印」、八号箱には「朱忠」「荘徳之印」、九号箱には「左譚私印」「朱並私印」、一〇号箱には「霍賞」「王安世印」、そして一一号箱には「呂譚之印」「公孫勲」、一二号箱には「呂衆私印」「趙安」、一三号箱には「徐廣」「田覇」、一四号箱には「左光印信」「陳南印信」（いずれも套印〔入子《いれこ》式の印〕）が収納されています。

一五号箱から一八号箱までは戦国時代の古鉨が収められています。

一五号箱には「右司馬□」といった官鉨、「事鉨」「郾均」といった私鉨、「上明」「安官」といった吉語鉨、一六号箱には「尚」「咊」（和）「王昌」、一七号箱には「長官」「敬事」「長邦」といった文字を読みとることができます。一八号箱には戦国秦漢の文字印のほかに肖生鉨が収納されており、「鳥」「武人」「犬」「花葉」「虎」などの図像を見出すことができます。

一九号箱から二一号箱までは両面印が収められています。

一九号箱には表裏に「李右・臣右」の文字をもつもの、「虎・鳥」の図像を描くもの、二〇号箱には「張安國・鳥紋」、「犖國・臣國」、二一号箱には「胡嬰・胡王孫」「李係之印・曹絲」の印などが納められています。

最後の二二号箱には「烏程矦印」「隴西大守章」「廣漢属國都尉」のほか、帯鉤印、六面印などが納められています。「劉躭之印」「劉徳之印」などがその中に含まれています。

以上にみてきたところが、コレクション収納箱の現況と全体像です。

二 寧楽古印の印学的研究——分類と鈕式・印文・字形・法量の変遷と断代——

収納されている貴重な印章類を、あるままに成譜し、ただ「すばらしいですねえ」と言って感嘆しているだけでは、印章の本質は何も見えてきません。印章を蒐集段階から研究段階に高めていくためにはそれなりの方法論が必要であり、それは先ほど第三章の「一　真偽の鑑別」「二　文献史料と実物印章」「三　中国古印の考古学」の中で述べたとおりです。

これは言いかえると、印章をよく観察し、写真を撮影し、印影を採り、文字印と図像印に分類し、鈕形・材質を記し、法量を計測し、文字印であれば釈読し、その印文によって、官印・私印等に分類し、官職印であれば、文献史料の記す官職の通有年代を考慮に入れつつ、中央官制・地方官制、そして周辺蕃夷にかかわる官印に分類し、さらに各々の文官・武官の上下・管掌系統を明らかにし、それぞれの時代における歴史的変遷を印章資料がどのように映し出しており、そこからわたくしたちが得られる教訓とは何なのか、などを探り出していく作業に昇華していかなければならないということにほかなりません。私印は官印以上に複雑な構成要素をもっていますので、それらを適確に分析し、当時の人々の自己表示の方法や権利意識、宗教思想や精神的な希求などをふくめて深くほりさげていく必要があります。むつかしいのは「真偽の鑑定」と「断代」の問題です。両者は密接につながっていますが、従来の研究ではこの点はあまり扱われて来ず、断代の根拠も明確には示されてきませんでした。

このことを端的に示す一例をここに挙げましょう。山東省嶧《えき》県陶庄小武村の河床中で発見さ

図1　亀鈕金印「平東将軍章」（山東省嶧県出土）

れた亀鈕金印「平東将軍章」（二・四㎝×二・四㎝　図1）です。この金印に対してさまざまな断代がなされています。李既陶先生は『文物』（一九五九年第三期）「山東省嶧県発現『平東将軍』金印」の中で「魏黄初から南北朝まで」、一九六八年に中田勇次郎先生は『書道全集・別巻一』「中国印章概説」の中で「漢印」、一九八一年に羅福頤先生は『古璽印概論』の中で「西漢官印」、そして『中華五千年文物集刊　璽印編』（一九八五）は「晋」と断代するように、です。

今般の寧楽美術館所蔵印の研究はその壁を打ち破るための試みといえます。図版を作成するために以下のことを行いました。

観察ののち、まずは①収納箱の順序にそって、印影、写真、鈕形、材質、印面（反転写真を含む）、法量などの基本情報を作成し、次に②その個々の情報を概観して「戦国時代の古鉨」と「秦漢三国両晋南北朝時代の印章」に大きく分類し、「戦国古鉨」は官鉨・私鉨・肖生鉨に、「秦漢三国両晋南北朝時代の印章」は官印・周辺民族官印（蕃夷印）・私印にそれぞれ分類しました。次に③本章「一　寧楽古印コレクションの全体像」でも示したとおり「戦国古鉨」も「秦漢三国両晋南北朝時代の印章」も両者ともに鈕形・印面の内容（官印・私印・吉語・肖生）が混淆しており、印文も未解読のものが多く含まれており、官職印の場合でも中央官制と地方官制の分離が明確でなく、軍官組織の管掌系統についても未整理の状態であったので、①の個別データを短冊形に切って「矦印」「将軍章」「将印」「司馬印」「都尉印」、「刺史」「長史」「令印」「長印」「祭尊印」などに分別、その上で、④亀鈕は亀鈕、鼻鈕は鼻鈕、瓦鈕は瓦鈕で、その形態変化が滑らかになるように、収納箱内の順序はそのままに、理論上の並べ替えをしながら配列していきました。⑤「断代」については「蛇鈕銅印　漢夷邑長」「駝鈕銅印　魏烏丸率善邑長」「馬鈕銅印　晋率善氏邑長」印のように「蕃夷印」に属し、頭に宗主国である「漢」「魏」「晋」が冠されている印章は比較的解りやすい（とは言え「漢」は「前漢」「後漢」「蜀漢」等の判別を要する）のですが、印文に時代情報を伴わない印章の場合には「印面の様式」「字形」「法量」の変遷、「文献史料による官号の通有年代との照合」「考古学的出土資料による印章年代の考定」「年代特定された官印・私印と中国古代度量衡」「第三者資料による検証確認」といった複眼思考的なクロスチェックが必要となるのです。

印面の様式について

断代にかかわる「印面の様式」というのは、たとえば「田字格」（田字形の中に四文字をいれる）のことを指しています。東京国立博物館にある有名な「皇帝信璽」封泥や本書の図版では「魚鈕銅印　南郡候印」「亀鈕鎏金銅印　間空司空」「鼻鈕銅印　定陽市丞」などがそれに該当しますが、原則的には、戦国時代から秦漢初期までの様式です。印面が「田字格」であるのに、鈕形や字形が適合していなければ「疑偽あり」という判定になるのです。

字形の変遷について

「字形の変遷」への注目も断代を適確にすすめていくのに重要な要素です。戦国時代の文字について最近は分域研究がすすんでいて「市」「中」「邑」「馬」「長」「人」「都」などの文字に、斉・燕・楚・晋・秦の各国で相異があったことが認識されつつあります。秦漢三国南北朝時代の文字については「王」「之」「印」「将」「國」「尉」「令」「長」「丞」等の文字について、両漢時代にすでに古体と新体の相異があったことは明らかな事実です。

本書でも断代の判定に関して「字形の変遷」に大いに注目していますが、「亀鈕鎏金銅印　関内矦印」を六顆採りあげているのは、鈕形の変遷と字形の変遷に対応関係があることを知っていただき、字形の変遷が時代の変遷につながっていることを理解していただくためなのです。「関中矦印」「関外矦印」についても同様です。先に掲げた「王」「之」「印」「将」「國」「尉」「令」「長」「丞」など、変化の顕著な文字の年代を抑えておくと断代は可能となり、これらの特色ある文字と同一平面上にある他の文字も、考古学の言う「同時代の共伴一括資料」ということになりますから、注目し連鎖させていくと、断代はさらに精度を高めていきます。さらに鋳印か鑿印《さくいん》か（封泥時代かそれを離脱した時代かを見きわめる）、鈕形の型式にまで着目することができるなら、断代はいっそう精度を高めていくことができます。

けれども断代は「印章の様式」に注意をはらい、「鈕形」「字形」の時代的特徴を把握したとしてもそれで十分かというとそうではありません。「文献史料による官号の通有年代との照合」も断代のための主要な要素です。

【文献史料による官号の通有年代について】

「文献史料による官号の通有年代」を視界に取り込んでおくことも、断代を適確にすすめていく上で大切です。今回の寧楽美術館の印章調査においても官号の調査を行い、その通有年代を調べました。

たとえば「都郷矦印」ですが『後漢書』郡国志に「常山国下有都郷侯国」、鄧禹傳に「封鄧甫徳為都郷侯」、『三国志』呉志周瑜傳に「瑜子胤、黄龍元年（二二九）封都郷侯」、『晋書』穆帝紀に「永和二年（三四六）正月、録尚書事都郷侯何充卒」、同じく『晋書』慕容垂（鮮卑の後燕王、三八四～三九六）載記に「垂以滅宇文之功、封都郷侯」とあり、「都郷侯」という官号が後漢、三国（呉）、東晋、後燕の時代を通じて、少なくとも四〇〇年近く機能していたことを知ることができるのです。

「偏将軍印章」も同様です。『後漢書』光武帝紀に「光武帝太常偏将軍」とあり、同書に「建武元年（二五）冬十一月、遣偏将軍馮異代鄧禹伐赤眉」、『三国志』魏志張部傳に「太祖拝国部偏将軍、封都亭侯」、同書蜀志黄権傳に「先主假権偏将軍」とあって、これも前漢末、後漢、三国（呉・蜀漢）と、その官号の通有年代が二〇〇年近くはあったということを証しています。

問題はこれら文献史料の提供する官号の数百年にわたる通有年代を、眼前の実物印章に照らして、さらに絞り込んでいくためには何ができるかということです。

そこで考えたいのが「考古学的出土資料による印章の年代特定」という方法です。

【考古学的出土資料による印章の年代特定について】

収蔵家の蒐集コレクションは確かに貴重なものが多いのですが、そのほとんどが伝世品であ

図2　亀鈕鎏金銅印「長沙丞相」　前漢　（前186　湖南省長沙馬王堆漢墓出土）

り、出自・由来等がよくわからないものですから、時折、真贋論争を含め、物議を醸しだすことがあります。考古学的出土資料は、その出自や由来が明確であり、また共伴資料も付随している場合が多いので、印章の相対年代や絶対年代を割り出すという点で有利な条件をもっています。したがって素性のはっきりした考古資料をもとに考察を深めていけば、断代はより精確になり、伝世品を吟味していく時の有効な基準ともなりえます。

その代表的な事例の中で、印章編年上の基準定点となるようなものを、歴代王朝の年代順に幾つか並べてみましょう。

〈印章編年上の基準定点となる考古資料〉

(1)湖南省長沙馬王堆漢墓出土　亀鈕鎏金銅印「軑侯之印」（二・二×二・二cm）、同「長沙丞相」（二・二×二・一cm）、覆斗鈕玉印「利蒼」（二・〇×二・〇cm）　前漢（前一九三、前一八六）

『史記』恵景間侯者年表や『漢書』高恵高后文功臣表により漢恵帝二年（前一九三）に利蒼が「軑侯」に封じられ、呂后二年（前一八六）に死亡したことが知られています。二号墓は呂后二年ころの「長沙丞相（図2）」「軑侯」「利蒼」の墓であり、三号墓は（太宗）文帝一二年（前一六八）の「利蒼の子」の墓、一号墓は前一六八年より数年後の「利蒼の妻」の墓と考えられています。

(2)広東省広州市象岡山西漢南越王墓　前漢（前一二八〜一一七）

主室から龍鈕田字格の金印「文帝行璽」（三・一×三・一×一・八cm　一四八・五g）、蟠蛇鈕玉印「帝印」、虎鈕玉印「帝印」、覆斗鈕玉印「趙眜」（二・三×二・三×一・六cm）、亀鈕金印「泰子」（二・六×二・四×一・五cm）、東側室から田字格亀鈕金印「右夫人璽」（二・二×二・二×一・六cm）、亀鈕鎏金銅印「左夫人印」、覆斗鈕象牙印「趙藍」、無文字の覆斗鈕玉印、墓室前部から魚鈕の銅印「景巷令印」などが出土しています。東耳室からは楽器や酒器が出土し、銅鐃に「文帝九年（前一二九）楽府工造　第六」の銘があります。趙眜は『漢書』南粤《なんえつ》傳では趙胡、「右夫人璽」「左夫人印」の比較から（「璽」は「印」より格上であるので）、右夫人の方が左夫人より上

図3　蟠蛇鈕金印「滇王之印」　前漢（前109　雲南省晋寧県石寨山六号墓出土）

位であることもわかります。前漢の元朔～元狩年間（前一二八～一二三・一二二～一一七）の代表的な南越の璽印で、龍・蟠蛇・虎・亀・魚・覆斗など、各鈕の編年上の基準定点を示すものとして重要です。

(3)雲南省晋寧県石寨山六号墓出土　蟠蛇鈕金印「滇王之印」　前漢（前一〇九）

『史記』西南夷傳に「（武帝の）元封二年（前一〇九）、滇王離難西南夷、挙国降、請置吏入朝。於是以為益州郡、賜滇王王印、復長其民」とあります。法量は二・四×二・四×一・八cm、『璽印篇』は二・四×二・四×二・〇cm　台〇・七cm　九〇gと記しています（図3）。蟠蛇鈕の編年を考えていく上で大切です。

(4)陝西省陽平関出土　亀鈕金印「朔寧王大后璽」（二・三×二・三×二・〇cm　台〇・八cm　鈕高一・二cm）　後漢（後三二）

『後漢書』隗囂傳に「明年（建武七年）（公孫）述以囂為朔寧王」とあり、この金印は隗囂の母の印ということができます。『文物』（一九五五）第三期の報告が、この金印の法量を三・三×三・三cmと誤って記したために、その数字が国内の論文でもまちがったまま流布しているようです。実測図の比例関係からこの数値に疑問を持ちましたので、もう三〇年も前のことになりますが、中国社会科学院の知人あてに手紙を書きましたところ、重慶博物館から「『二・三×二・三cm』の誤りでした」との丁寧な返信をモノクロ写真付きでいただきました。ご留意願います。

(5)日本福岡県志賀島出土　蛇鈕金印「漢委奴國王」（二・三四七×二・三四七cm　台〇・八八七cm　総高二・二三六cm　一〇八・七二九g）　後漢（五七）

天明四年（一七八四）に福岡県志賀島で発見されたとされる蛇鈕の金印「漢委奴國王」印です。江戸時代には福岡の亀井南冥がいち早く『後漢書』倭傳にある「建武中元二年（五七）、倭奴國奉貢朝賀、使人自称大夫、倭國之極南界也、光武賜以印綬」との関連を説きました。印

図4　亀鈕金印「廣陵王璽」　後漢　（後58　江蘇省邗江県甘泉二号漢墓出土）

文の読みについては京都の藤貞幹、大坂の上田秋成、福岡の青柳種信らが「委奴＝伊都」国説を提示し有力でしたが、明治二十五年（一八九二）に三宅米吉により「委奴＝倭の奴」国説が提唱されることによって両説のペンディングが始まりました。昭和二十五年（一九五〇）に国の重要文化財に、昭和二十九年（一九五四）に国宝に指定されましたが、「委奴」の読みについては文化財保護委員会、のちの文化庁編の『国宝事典』（一九六一／新増補改訂版一九七六）は「その訓みについてはなお定説をみない」としています。一九八三年に「金印奴国説への反論」を発表して以来、伊都国か、倭の奴国かについて論議が再燃しています。漢語方言論や王墓分布論、文献史料や印文構造の分析および「矦」「候」区別など、総合的な印学が解決するものと期待しています。

(6)江蘇省邗江県甘泉二号漢墓　亀鈕金印「廣陵王璽」（二・三×二・三×二・一cm　台〇・九cm　鈕高一・二cm　一二三g）　後漢（後五八）

『後漢書』廣陵思王荊傳には「廣陵思王荊、建武十五年（三九）封山陽公、十七年（四一）進爵為王。……其後使巫祭祀祝詛、有司挙奏、請誅之、荊自殺。立二十九年死。帝憐傷之、賜謚思王」と記されています。ここに出てくる「廣陵思王荊」とは日本に「漢委奴國王」金印を賜与した後漢の光武帝、すなわち劉秀（二五～五七）の第九子劉荊のことですが、建武十五年に「山陽公」に封じられ、十七年に「山陽王」に進爵、しかし中元二年（五七）に光武帝が死すに及んで反乱を企て、次の明帝（五八～七五）により未遂のうちに察知され「廣陵王」に転封されたのでした（図4）。しかし、その後も謀反を継続したために、永平十年（六七）に自殺を余儀なくされました。しかしその後も明帝は、劉荊の子元寿に「廣陵侯」の爵位を与え、この爵位は元寿の子孫の数代にわたって承襲されたとのことです。

(7)甘粛省径川県玉都出土　馬鈕銅印「帰義矦印」（二・五×二・四×三・三cm）　後秦（四〇〇）

一九七六年に田圃改修中に一基の窖蔵《あなぐら》が見つかり、その中を精査していくと、銅盆三件・銅熨斗二件・銅扁鈴三件、それに鎏金銅仏像一尊と共に銅印一顆が出土しました。仏像等に

図5　亀鈕鎏金銅印「車騎大将軍章」　北燕　（後415　熱河省北票県馮素費墓出土）

北魏（三八六〜五三四）の様式が認められますが、ただ甘粛省径川県という出土地点と『魏書』巻九九の中に「羌族による后秦（三八四〜四一七）の弘始二年（四〇〇）に、鮮卑族による西秦（三八五〜四三一）の乞伏乾帰が后秦の姚興（仏法信者）によって「河州刺史」に任じられ「帰義侯」に封じられ、更始元年（四〇九）には復国した」とありますので、その頃（四〇〇〜四〇九）の后秦による頒給印であると考えられます。

(8)熱河省北票県西官營子馮素費墓出土　亀鈕金印「范陽公章」（二・二七×二・三五×一・九八㎝）　亀鈕鎏金銅印「車騎大将軍章」（二・四六×二・二二×二・七五㎝）、亀鈕鎏金銅印「遼西公章」、亀鈕鎏金銅印「大司馬章」　五胡十六國　北燕（四一五）

『晋書』附馮跋載記が述べるように、馮素費は十六国（三〇四〜四三九）の時期の「北燕天王馮跋之弟、長楽信都人」で、「范陽侯、侍中、車騎大将軍録尚書事、大司馬、遼西公等」の官を経て、北燕太平七年（四一五）に亡くなった人物です。上記の四顆の印章のうち「范陽公章」は亀鈕の背が丸いのに対し、他の「車騎大将軍章（図5）」「遼西公章」「大司馬章」は背が平滑であることは、同一墓内からの一括遺物であることを認識するとき、北燕（四〇九〜四三六）の時期に異なった型式が併存しているのか、それとも范陽侯から車騎大将軍、大司馬、遼西公へと昇りつめていく印章の新旧関係を示しているのか興味深いところです。

(9)河北省定県出土　石函中遺物　鼻鈕銅印「魏昌令印」（二・七×二・七×二・六㎝）、鼻鈕銅印「軍司馬印」（二・四×二・四×二・二㎝）　北魏（四八一）

北魏（三八六〜五三四）のことを扱った『魏書』地形志に「定州中山郡下有魏昌縣」とありますが、その定県の石佛寺及び興国寺近隣から出土した石函中から発見された銅印です。石蓋の頂部に孝文帝（元宏）時代の太和五年（四八一）の建塔銘があり、共伴遺物として「半両」三枚、「五銖」二二〇枚、「貨泉」二〇枚、「大泉五十」四枚、「小泉直一」二枚などの中国銭のほか、ササン朝ペルシア（二二六〜六五一。六四二にイスラムに敗れる）の銀貨四一枚（表に王像、裏にゾロアスター教の祭壇を描いた貨幣で、ヤズドゲルドⅡ世〔四三八〜四五七〕やホスローⅠ世〔四五七〜四八三〕

図6　亀鈕鎏金銅印「武郷亭侯」　魏末晋初　（甘粛省嘉峪関九号墓出土）

の貨幣など）を見いだすことができますので、これらの印章の年代は、「魏昌令印」については北魏の孝文帝の太和五年（四八一）ころ、「軍司馬印」については、石函への収納の下限は確かに同時代のものに相異ありませんが、ただその鋳造・頒布の時期については、法量から推すとき、少し疑念があります。ちょうど中国銭の古い要素をもつ銅銭がササン朝ペルシアの新しい要素をもつ銀銭と混淆しているように、二顆の鼻鈕銅印の場合も新旧の印章が合流一括されて石函中に収納された可能性を思うわけです。法量からの疑問と申しましたが、これについては次項で述べることといたします。

以上、前漢から後漢を経て、五胡十六国や北魏の各時代の、印章編年の基準の定点となるような官印九例を考古資料から挙げてみました。

〈基準定点と基準定点とを結ぶその間に配列される考古資料〉

編年の精度を高めていくためには、この定点と定点とを結ぶ、その間を埋める資料が必要となります。次にそれらを簡単に要点だけ記しておきましょう。

まず〔亀鈕〕（tortoise knob）のものから五例見てみましょう。

(1)甘粛省嘉峪関九号墓出土の亀鈕鎏金銅印「武郷亭侯」（二・四×二・四×二・五㎝）は共伴遺物である魏末晋初の「彩釉壺」や洛陽晋墓出土の「陶樽」に近似した陶器の出土から「晋初」の年代が与えられています（図6）。

(2)湖南省長沙市北郊古墓出土の亀鈕金印「関中侯印」（二・四×二・四㎝　重量四両）は一九五八年の『文物』第三期に報文が載せられています。『三国志』魏書の注に「置名號侯爵十八級、関中侯十七級、金印紫綬」と出てきますが、古墓そのものの年代から印章は「西晋」に属すると考えられています。

(3)山東省嶧県出土　亀鈕金印「平東将軍章」（二・四×二・四㎝）は先にふれましたように、断代に

図7　亀鈕銅印「伏波将軍章」　後趙　（甘粛省固原県出土）

諸説があります。「前漢」「漢」「魏～南北朝」「晋」というようにです。河床中出土で共伴遺物がなく、考古学的な型式学的方法が適用されていないためにそのような大きな差異が年代判定に生じていますが、その方法を用いれば答えは「西晋」であるとわかります。

(4)甘粛省（旧寧夏）固原県出土　亀鈕銅印「伏波将軍章」（二・三×二・三×三・〇㎝）はかつて「後漢」時代の印章と考えられていましたが、鈕形や字形から東晋に並行する「十六国時代」の後趙（三一九～三五一）あたりのものと判断されます（図7）。

(5)陝西省靖辺県統万城遺跡出土の亀鈕銅印「駙馬都尉」は『文物』一九五七年第一〇期の中に紹介されていますが、法量記載がないのが惜しまれます。統万城は東晋五胡十六国時代に、匈奴民族の酋長であった赫連勃勃によって建てられた夏国（四〇七～四三一）の都であり、『晋書』安帝紀によると鳳翔元年（四一三）に始まったとされています。大部分、流沙に覆われた状態での発掘調査ということであったようですが、城址内外から、瓦当、磚、陶罐、銅仏像などと共に亀鈕銅印が出土しました。いままでに類型を見ない鈕形ですが、斜め上方にのびる亀首部分から亀甲後部にかけてのラインが流線を形作ること、四腿が立ちあがっていること、印台が高く分厚く重厚な印象を与えることに大きな特徴があります。「駙馬都尉」の印文も整美な文字で刻まれています。亀鈕が四腿立状であるのはこの印章が北朝の系譜をひくものであることを明らかにしています。夏は北魏の太武帝に滅ぼされましたが「五胡十六国時代」末期の銅印です。

次に〔鼻鈕〕(pierced knob)のもの五例、〔橋鈕〕(bridge-shaped knob)のもの一例にも目をとめておきましょう。

(6)河南省孟津県平楽の「漢魏洛陽故城」から出土した印章に鼻鈕銅印「部曲将印」（二・四×二・三×一・九㎝）があります（図8）。これは単独出土ではなく、地表下一ｍまで掘り下げたところで「銅印堆」と呼ばれるものを発見することになり、その内訳はすべて「部曲将印」ばか

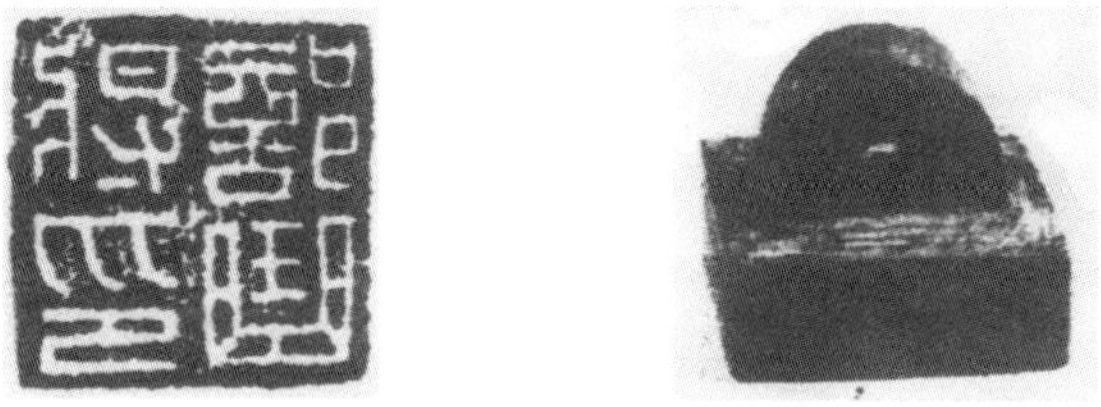

図８　鼻鈕銅印「部曲将印」　後漢末～三国　（河南省孟津県漢魏洛陽故城跡出土）

りで、しかも未使用のまま六三顆も一括して発見されたということです。中国古印の発掘事例がほとんどその頒給先の任地か、戦場か、墓所であるのに対し、本事例は頒給元もしくは製作地、しかも「洛陽故城」というかつての都の一郭であったことに特色があり、興味深い発見です。「東漢末～三国（魏）」にかけての貴重な印章群一括です。

(7)河南省鄧県房山から鼻鈕銅印「軍假司馬」（二・四×二・四×二・〇㎝）が出土しています。『考古』一九八四年第一期に報告がありますが「東漢至三国時期」の年代を付しています。この「軍假司馬」を含め、軍官たちが官制上どのような位置にあったのか、『後漢書』百官志を紹介しておきますと「其将軍皆有部曲、大将軍營五部、部校尉一人、比両千石。軍司馬一人、比千石。部有曲、曲下有軍候一人、比六百石。曲下有純、純長一人、比二百石。其不置校尉部、但軍司馬一人、又有軍假司馬、假候、皆為副弐」ということになります。

(8)広東省広州市東郊にある龍生岡で一九五三年に古墓が発掘され、主室から台形状の鼻鈕銅印「部曲将印」（高二・〇㎝）が発見されています。『文物資料叢刊』一九八三年第八期において紹介されていますが、法量が明確でないのは残念です。銅印は黄緑色に変色し、共伴遺物として、石猪・陶鳩首壺・銅鏡などがあり、墓室の形制・構造などから「東晋」の時期が充てられています。なおこの報告の中で黎金氏は「一督領四将」の考え方を提示しています。

(9)同じく広州市の北郊にある流花橋西方の東晋墓の主室から鼻鈕銅印「部曲督印」（二・四×二・五×二・二㎝）が出土しています。一九七二年の調査で発見されましたが、共伴遺物として「位至三公」鏡や陶盆・陶盂・陶套盒の類、鉄刀などが出土しています。とくに塼に東晋の元帝（司馬睿）の「大興二年（三一九）七月三日造之」の文字があり、「東晋初年」の印章と考えられます。

(10)江蘇省鎮江東晋墓から、鼻鈕の滑石章「蘭陵大守章」（二・五×二・五×二・三㎝）が出土してい

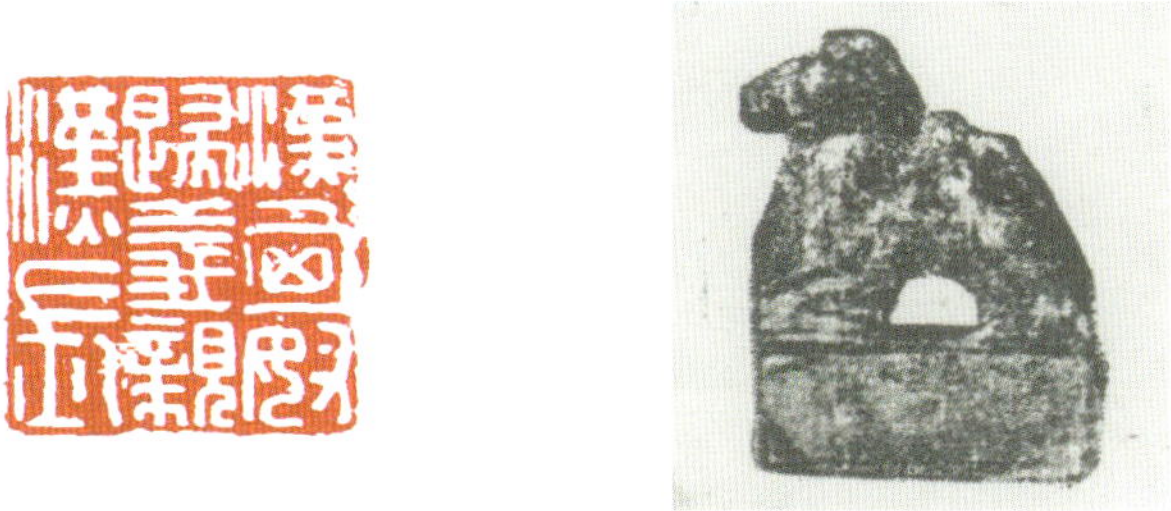

図９　駝鈕銅印「漢匈奴帰義親漢長」　後漢　（青海省大通県孫家寨匈奴墓出土）

ます。『晋書』地理下の「元興元年（二九一）分東海置蘭陵郡」なる記事や『常州府志』の「（蘭陵郡）大興元年（三一八）僑置、治所在今武進通江郷」などを参考にしますと、蘭陵郡そのものは西晋末年に設置されたこと、また東晋王朝の成立後まもなく、北方にあった故国の郡県名称が南にも移され、したがって「蘭陵太守」（蘭陵郡の最高長官）の存在は東晋時代初葉を上限としなければならないことがわかるのです（文献では「太守」、印章は「大守」）。墓室からの共伴遺物も多く、瓷器類、陶器類、銅熨斗、銅鏡、鉄鏡などの年代から、「東晋早期」の年代が与えられています。ただし滑石印であることから任官の際の印章ではなく、副葬印であると考えるのが妥当であると思います。

以上、鼻鈕の出土官印を五例挙げておきました。

数少ない橋鈕官印の例もひとつ付加しておきたいと思います。

⑾河南省鄲城から橋鈕銅印「部曲将印」（二・四×二・四×二・四㎝　台高〇・九㎝）が、一九六四年四月に河南省文化局文物工作隊によって発見されています。『文物』一九六五年第五期に瓦鈕として報告されていますが橋鈕です。「後漢～三国」にかけての印章です。遺物の共伴はありませんが、字形からもそのことは明らかです。

〈一定の年代幅を示す王朝名を伴う考古資料――蕃夷印――〉

次は出土した「蕃夷印」です。代表格を整理しておきましょう。

【漢の蕃夷印】

⑴新疆省新和県の遺跡から一九五四年に羊鈕銅印「漢帰義羌長」印が出土したことが『文物』一九七五年第一期で報告されています。法量は報告されていませんが、『璽印篇』の印影が実寸であると仮定すれば、縦横二・二㎝前後ということになります。印文の構造は「宗主国（漢）＋修飾語（帰義）＋民族名（羌）＋官号（長）」から成り立っています。「漢」字を配する様式と「長」字の字形から「後漢時代」初葉の蕃夷印と考えられます。

図10　羊鈕金印「魏帰義氐矦」　魏（甘粛省西和県出土）

(2)青海省大通県孫家寨匈奴墓から一九七二年以降の調査で駝鈕銅印「漢匈奴帰義親漢長」（二・三×二・三×二・九㎝　台〇・八㎝）が出土しています（図9）。『文物』一九七九年第四期の報告によれば、多数の陶罐や陶壺に加えて、蝙蝠形柿蔕紋をもつ銅鏡二面（直径九・二㎝と八・〇㎝のもの）、或いは剪輪五銖を含む五銖銭三三枚が共伴していることから「後漢晩期」の年代が与えられています。

【魏の蕃夷印】

(3)甘粛省西和県から羊鈕金印「魏帰義氐矦」（二・二五×二・二五×二・五〇㎝　台〇・七㎝　一〇〇g弱）が出土しています（図10）。『魏略』西戎傳によりますと、魏の曹操は建安十九～二十四年（二一四～二一九）にかけて氐族討伐を実施、結果、文帝の黄初元年（二二〇）、明帝の青龍三年（二三五）、斉王の正始元年（二四〇）に氐王は氐族を率いて帰順していますので、この金印は二二〇～二四〇年頃のものと考えられます。文献史料の記述内容は実物印章資料の宗主国（「漢」「魏」「晋」）の時代をさらに絞ることのできる場合があり、印学には不可欠の大切な史料ということができます。日本の鍚安印章文化研究所にも駝鈕銅印「魏率善氐佰長」印があります。

【晋の蕃夷印】

(4)同じ甘粛省西和県から羊鈕金印「晋帰義氐王」（二・三×二・二㎝　約一五〇g）が出土しています。『文物』一九六四年第六期は「晋□義□王」としていますが、印文は上記のように読むことができます。

(5)もう一顆、甘粛省西和県から羊鈕金印「晋帰義羌矦」（二・二×二・二㎝　約一五〇g）が出土しています。チベット系の氐族、羌族などの「帰義侯」については『晋書』姚興載記に「乞伏乾帰以窮蹙来降、拝鎮遠将軍、河州刺史、帰義侯、復以其部衆配之」といった記事を見いだすことができます。

図11　馬鈕金印「晋鮮卑帰義矦」　晋　（内蒙古烏蘭察布盟涼城県出土）

(6)ほかに内蒙古蘭察布盟涼城県から馬鈕金印「晋鮮卑帰義矦」（二・二×二・二㎝）が出土しています（図11）。鮮卑とは魏晋時代の北方民族であり、後の北魏にもつながっていく重要民族のひとつです。「帰義」は「率善」より上位の官職につく修飾語です。大阪府立近つ飛鳥博物館には、晋の時代の駝鈕の銀印「晋率善羌中郎将」印があります。

以上、編年上の定点となる印章を九例、その定点と定点の間を埋めていく考古資料を亀鈕印五例、鼻鈕印五例、橋鈕印一例、そして「漢」「魏」「晋」の宗主国名を伴う蕃夷印を六例、合計二六例を挙げてみました。これら全体を鈕別に分類して、時代順に並べていけば、印章の断代はおおむね可能となります。

〈補遺：朝鮮出土の印章・封泥資料〉

朝鮮出土の封泥・印章については関野貞「楽浪土城の封泥」（『朝鮮の建築と芸術』岩波書店、一九四一。一九二三初出）、朝鮮総督府『楽浪郡時代の遺蹟』（一九二七）、藤田亮策「楽浪封泥攷」（一九三四）、小場恒吉『楽浪王光墓』（一九三五）、梅原末治・藤田亮策『朝鮮古文化綜鑑』（一九五九）、岡崎敬「『夫租薉君』銀印をめぐる問題」（『朝鮮学報』第四六輯、一九六八）などの先行研究があることはご存知のとおりです。

韓国の国立民俗博物館からも一九八七年に『韓国の印章』という美麗な書物が出版されています。巻頭のカラー図版にはかつて日本人学者たちが発掘した楽浪時代（前一〇八～後三一三）の亀鈕銀印「王根信印」（一・六×一・六×一・六㎝）、亀鈕玉印「永壽康寧」（一・六×一・六×一・五㎝）、獣鈕套印「王扶印信」（二・一五×二・一×三・〇㎝）などが掲載されています。とは言え、この項では官印の断代について考えていますので、朝鮮出土の官印・封泥について（半官半私の印章も含めて）ふれておきたいと思います。

(1)まずは「楽浪」出土の封泥です。「楽浪大守章」（二・五×三・〇五×一・八五㎝）、「楽浪大尹章」（三・一×三・〇×〇・六㎝）、「朝鮮令印」（二・八×二・七×〇・九㎝）、「増地長印」（二・七×二・七五×

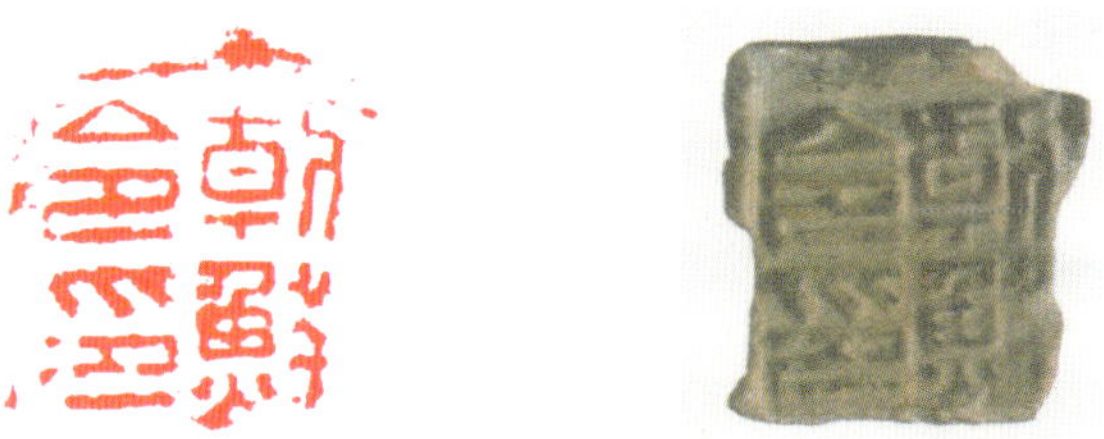

図12　封泥「朝鮮令印」　前漢中期～後漢初期　（楽浪出土）

図13　駝鈕銀印「夫租薉君」　前漢中期～後漢初期　（北朝鮮平壌市貞柏里出土）

〇・五㎝）などが掲載されていますが、みな「楽浪時代」とされています（図12）。この表記では前後四〇〇年にわたりますが、字形から「前漢」時代、特に漢の武帝が朝鮮四郡（楽浪・真番・玄菟・臨屯）を設置した前一〇八年以降に絞ることができます。新の王莽の時代に「太守」を「大尹」へと改称していますが、「前漢中期」以降「後漢初年」の間に収まる封泥です。封泥の法量のみならず、泥上押捺の印章の縦横の実寸数値がほしいところです。

(2)一九五八年に北朝鮮の平壌市貞柏里の墳墓から駝鈕銀印「夫租薉君」（二・二×二・二㎝）が発見されました（図13）。この銀印の発見の概要については白錬行「『夫租薉君』印について」（『文化遺産』一九六二―二）や李淳鎮「『夫租薉君』墓について」（『考古民俗』一九六四―四）などがありますが、日本にこのことが紹介されたのは一九六八年一月のことであり、先にふれたとおり岡崎敬氏によるものでありました。

『漢書』武帝本紀によれば「東夷薉君」は元封三年（前一〇八）に臨屯・玄菟二郡に分属し、元鳳五年（前七六）には楽浪郡下に置かれたことが知られており、また『魏志』東夷傳東沃租の中に「漢〔建〕武六年。省邊郡、都尉由此罷。其後皆以其縣中渠帥為縣侯、不耐、華麗、沃沮諸縣皆為侯国」なる記事がみえますので、共伴遺物である細形銅剣、細形銅鉾、鉄剣、鉄鉾、小銅鐸などの年代観とも照らし合わせて、岡崎敬氏によれば「前漢武帝以降、ことに宣帝の元鳳五年（前七六）より後の前漢時代のもので、少なくとも後漢光武帝建武六年（後三〇）以前のもの」と判断することができます。なお印章の「夫租」は『後漢書』や『三国志』の中では「沃沮」と記される点にも注意をはらっておきたいと思います。

(3)純然たる官印ということはできませんが、一九三二年当時に日本の学者たちが平安南道大同郡の貞柏里一二七号墳（王光墓）で発掘した資料の中に、半官半私の両面木印「楽浪大守掾王光之印」「臣光」（黄楊：二・三×二・三×一・四㎝）ならびに鼻鈕の木印「王光私印」（黄楊：二・一×二・一×二・一㎝）があります（図14）。絹冠、鉄剣、銀指環などとともに出土しました。韓国の国立博物館発行の『韓国の印章』では「三国（四世紀の百済・新羅・高句麗）時代以前の印章」

図14　両面木印「楽浪大守掾王光之印」「臣光」　前漢末期〜後漢初期　（王光墓出土）

とされていますが、「之」「王」字の字形から「前漢末期〜後漢初期」頃の両面印と考えることができます。

(4)同様の半官半私の印章として、石巌里二〇五号墳（王盱墓）から両面木印「五官掾王盱印」「王盱印信」（二・四×二・四×一・〇六㎝）が出土しています。『後漢書』百官志に「五官掾」は郡太守の属僚であると記されています。共伴遺物のなかに建武二十一年（四五）、二十八年（五二）の銘をもつ漆耳杯や永平十二年（六九）の銘をもつ漆盤などが含まれていることから、「後漢」以降のものとみなすことができます。

(5)「蕃夷印」としては梅原末治『考古美術』八—一（一九六七）、岡崎敬『朝鮮学報』（一九六八）の中に掲載された、慶尚北道迎日郡新光面馬助里出土の獣（馬）鈕銅印「晋率善穢佰長」（二・三×二・三×二・五㎝）があります。『晋書』列傳東夷扶餘国の条の「其王印文称『穢王之印』」と合致しているのは興味深いことです。そのほか駝鈕銅印「魏率善韓佰長」や銅印「晋高句驪率善佰長」も存在していますが、法量等のデータが十分ではないので、このあたりでとめおくことにいたします。

以上、朝鮮出土の印章関連資料として「楽浪大守章」以下の封泥四例、「夫租薉君」「晋率善穢佰長」「魏率善韓佰長」「晋高句驪率善佰長」などの官印四例、そして「王光墓」「王盱墓」出土の半官半私の両面木印二例、鼻鈕木印一例など、合計で一〇例近くを採りあげてきました。

「考古学的出土資料による印章の年代特定について」と見出しをつけた本項において、トータルで四〇例近くもの資料を掲げてきたのには理由があります。伝来の蒐集資料自体は、多くの場合、年代について寡黙ですが、発掘調査で出土した印章・封泥の類は、層位学的方法や共伴遺物により、自分の所属する年代を明確に語ってくれます。そして、これら多数の出土資料を整理していると、断代を行うのに、もうひとつ看過してはならない要素に気づかせてくれるのです。それは何でしょうか。

それは法量の問題です。印章の法量はアトランダムにあるのではなく、時代ごとに、王朝ごとに、その振れの幅を一定の範囲の中にとどめていることを教えているのです。先述した四〇例近くの考古資料の紹介の際に、可能な限り法量をいちいち記したのには理由があります。法量は王朝それぞれの威信を表示するとともに、時々の官制を、特に官印の場合、直接的に映し出しているのです。法量は大体の大きさを知らせるためにあるのではなく、権力行使の基盤を反映する、断代を可能にする有効な手段であることに気づかなければなりません。このことを意識して考察をすすめるなら、断代の精度はいっそう高まってくるのです。

【年代特定された官印・私印と中国古代度量衡】

前漢の歴史家であり太史令であった司馬遷（前一四五頃～前八六）は『史記』秦始皇本紀の中で、始皇帝が紀元前二二一年に全国を統一し、封建国家を作るためのさまざまな整備、宮殿の造営や長城の建設、主要道・馳道（幹線道路）の敷設や水利事業、賦税の徴収や俸禄の支給、その基盤となる農業生産や商品経済活動などのために必要となる各種の枡や秤や分銅、貨幣の鋳造、文字の統一などの官制の整備を行っていったことを、「一法度衡石丈尺。車同軌、書同文字（法度・衡石・丈尺を一にし、車は軌を、書は文字を同じくした）」と記しています。

後漢の歴史家であり蘭台令史の官職にあった班固（三二～九二）も『漢書』律暦志の中で「度者、分、寸、尺、丈、引也、所以度長短也」「量者、龠、合、升、斗、斛也、所以量多少也」「衡権者、衡、平也、権、重也、衡所以任権而均物平軽重也……権者、銖、両、斤、鈞、石也、所以称物平施、知軽重也」「銅為物之至精、不為燥湿寒暑変其節、不為風雨暴露改其形、介然有常、有似於君子之行、是以用銅也」と記して、寸法・容量・重量の規定と度量衡器の素材は寒暑風雨の影響をうけない不変の銅が選定されたことを記しています。

このように度量衡の基準がいつも官制の中に組み込まれており、度量衡器の原器が官の直轄下で製作され、官印の鋳造も「漢魏洛陽故城」発見の鼻鈕銅印「部曲将印」六三顆（二・四×二・

三×一・九㎝）の例が示しているように、官工房で行われた次第ですから、印章の法量は基本的に王朝の時代の法量規準を映し出している可能性が高いと言えます。主なものをもう一度振り返ってみましょう。

前漢の官印として湖南省長沙馬王堆漢墓の亀鈕鎏金銅印「軑侯之印」（二・二×二・二㎝）、同「長沙丞相」（二・二×二・一㎝）、広東省「西漢南越王墓」の龍鈕金印「文帝行璽」（三・一×三・一×一・八㎝）、亀鈕金印「右夫人璽」（二・二×二・二×一・六㎝）、雲南省石寨山六号墓の蟠蛇鈕金印「滇王之印」（二・四×二・四×一・八㎝）、朝鮮出土の官印として駝鈕銀印「夫租薉君」（二・二×二・二㎝）、後漢の官印として陝西省出土の亀鈕金印「朔寧王大后璽」（二・三×二・三×二・〇㎝）、日本の福岡県出土の蛇鈕金印「漢委奴國王」（一辺四方平均二・三四七×二・二三六㎝　一〇八・七二九g）、江蘇省出土の亀鈕金印「廣陵王璽」（二・三×二・三×二・一㎝　一二三g）、後漢末～三国時代の官印として河南省漢魏洛陽故城から出土した鼻鈕銅印「部曲将印」（二・四×二・三×一・九㎝）、同省等県出土の鼻鈕銅印「軍假司馬」（二・四×二・四×二・〇㎝）、同省鄲城出土の橋鈕銅印「部曲将印」（二・四×二・四×二・四㎝）、西晋時代の官印として甘粛省嘉峪関九号墓出土の亀鈕鎏金銅印「武郷亭侯」（二・四×二・四×二・五㎝）、湖南省長沙古墓出土の亀鈕金印「関中矦印」（二・四×二・四㎝）、山東省嶧県出土の亀鈕金印「平東将軍章」（二・四×二・四㎝）、東晋時代の官印として広東省広州市流花橋西方で発見された鼻鈕銅印「部曲督印」（二・四×二・五×二・二㎝）、江蘇省鎮江出土の鼻鈕の滑石章「蘭陵大守章」（二・五×二・五×二・三㎝）などがありました。

また東晋時代に並行する五胡十六国時代の官印として、甘粛省固原県出土の亀鈕銅印「伏波将軍章」（二・三×二・三×三・〇㎝）、甘粛省出土の馬鈕銅印「帰義矦印」（二・五×二・四×三・三㎝）、熱河省馮素費墓出土の亀鈕金印「范陽公章」（二・二七×二・三五×一・九八㎝）及び亀鈕鎏金銅印「車騎大将軍章」（二・四六×二・二二×二・七五㎝）、河北省定県石函中から出土した鼻鈕銅印「魏昌令印」（二・七×二・七×二・六㎝）及び鼻鈕銅印「軍司馬印」（二・四×二・四×二・二㎝）などを挙げることもできます。

もうひとつ法量の確認をしておきたい分野は蕃夷印です。法量の示されているものを選びますと、まず「漢」の時代に属する蕃夷印として新疆省新和県出土の羊鈕銅印「漢帰義羌長」（印影によれば二・二×二・二cm、字形は後漢初期)、「後漢」晩期の蕃夷印として青海省大通県出土の駝鈕銅印「漢匈奴帰義親漢長」(二・三×二・三×二・九cm)、「三国(魏)」に属する蕃夷印として甘粛省西和県出土の羊鈕金印「魏帰義氐侯」(二・二五×二・二五×二・五〇cm 一〇〇g弱)、「晋」の蕃夷印として甘粛省西和県出土の羊鈕金印「晋帰義氐王」(二・三×二・二cm 約一五〇g)、同県出土の羊鈕金印「晋帰義羌侯」(二・二×二・二cm 約一五〇g)、朝鮮出土の蕃夷印として慶尚北道出土の馬鈕銅印「晋率善穢佰長」(二・三×二・三×二・五cm)などに整理することができます。そのほか一九五六年に内蒙古の蘭察布盟涼城県から発見された駝鈕金印「晋烏丸帰義侯」(二・二×二・三cm)、駝鈕金印「晋鮮卑帰義侯」(二・二×二・二cm)、駝鈕銀印「晋鮮卑率善中郎将」(二・一×二・一五cm)の三顆についても補足しておきたいと思います。

以上を整理してわかってきますのは、帝璽級のものを除くならば、前漢時代の印は二・二cm前後(二・二五基準)、後漢時代は二・三cm前後(二・三〇四基準)、魏晋は二・四cm前後(二・四一二基準)、東晋以降は二・五cmを超えるもの(江蘇省鎮江第一号墓の「蘭陵大守章」)が登場し、中には墓葬品であるとは言え、三・五cmをこえるもの(同じく江蘇省南京老虎山第三号墓出土の「零陵大守章」は三・五×三・五×二・〇cmを測る)も見られるようになるのです。

このような東晋以降の南朝、五胡十六国(三〇四～四三九)、北魏(三八六～五三四)における「官度、官秤」の在り様については北斉(五五〇～五七七)の魏收の書いた『魏書』(本紀と列伝の部分は天保五年〔五五四〕、志の部分は天保十年〔五五九〕に成立したとされている)の中にもあらわれています。たとえば巻七八の「張普恵傳」(「身長八尺、容貌魁偉」の「諫議大夫」)には、その頃すでに徴税・増税、商業上の利益のために「大斗、長尺、重秤」が盛行していましたが、高祖孝文帝(在位四七一～四九九)のおりに「高祖廃大斗、去長尺、改重秤、所以愛萬姓、従薄賦」のことがなされたと記されています。しかしながら、その後「自茲以降、漸漸長闊、百姓嗟怨、聞於朝野」「宰輔不尋其本、知天下之怨綿麻、不察其幅広、度長、秤重、斗大、革其所弊」とあるように、度量衡基準は再び大型化し、政治を掌る為政者の無能もあって、民衆の生活の先々の困窮が見え、張普恵は「官度、官秤、計其斤両、廣長」を見直し「高祖之軌中」に戻れと諫言したのでした。魅力的な人物です。

中国国家計量総局主編『中国古代度量衡図集』（一九八一／邦訳一九八五）によりますと、

> 三国時代には、だいたいはもとどおり後漢の度量衡制がそのまま用いられるが、ただ単位量の値はすでに増大したものがある。両晋・南北朝時代には、権力は分散するうえに頻繁に入れ替り、度量衡制度はたいへん混乱して、「南人、北に適けば、升を視て斗となす」（北朝の一升は南朝の一斗にあたる）といわれる状況があらわれた。大地主階級の政権は極度に腐敗し、労働人民を残酷に圧迫し榨取し、度量衡の単位量の値を急激に増大させることになった。……西暦五八一年、隋の文帝は全国を統一し、ふたたび度量衡を統一して、まえの時代に増大した単位量を固定させてしまう。そのときの物差は秦漢にくらべて、二八％増大し、枡と秤はいずれも約三倍に増大した。

と記されています。巻末に『中国古代度量衡』器物一覧表が、商（殷）～北魏あたりまで牙尺・銅尺・木尺・竹尺・鉄尺など四二例ほど挙げられており（そのほか、容量や重さのデータも掲載されている）、真摯で科学的な試みです。官印資料は採りあげられていないのでわたくしはそれを付け加えたいと思っています。

なお蕃夷印はおおむね時代の法量に準じるか、それよりひとまわり小さく造られているようです。また民族ごとに法量の差異が生じていることもあり、そのことは当時の社会構成秩序を如実にあらわしていたのかも知れません。いずれにせよ、法量は印章の年代を決定する、重要な要素のひとつであり、このことを考慮にいれながら、鈕形・字形・様式・法量など総合的な仕方で断代を決定していくことが大切であるということになります。

三　寧楽古印の研究成果と図版の概要解説

寧楽美術館所蔵の古印については、上記の考古学を含む印学的方法を用いて分類整理を行ってきました。図版とリストをご覧いただくとよく解るかと思いますが、その全体は今までの図録とは異なり、「新しき印学」を意識しての、従来にはなかった幾つかの試みをしております。

まず全体を戦国時代の古鉨と秦漢三国両晋南北朝時代の古印とに分けています。戦国古鉨は官鉨と私鉨に、私鉨はさらに姓名鉨・吉語鉨・肖生鉨などに分類しています。秦漢三国両晋南北朝時代の古印は官印と私印に、官印は様式・鈕別・官職別に、中央官制・地方官制・周辺民族統治のことがわかるように、私印は鈕種も書体も多様ですが、それらを分類整理して配列しております。ですから図版には鈕形・材質のわかる外形写真、鋳印か鑿印かのわかる印面の写真、印影、印文のほかに、真偽の問題、より細別された時代、法量などを記しています。

特に重要なものは拡大して掲載しておりますが、基本的には鈕形と字形と法量の一括関係とその歴史的変遷がわかるように配列してありますので、その意識でご覧いただくと、新しい印学を感じとっていただけるかと思います。

戦国時代の古鉨——官鉨と私鉨——

〈官鉨〉

官鉨としては「□都右司馬鉨」「司馬□鉨」「右司馬□（厩）」「安内市（帀）鉨」（図版No.1～4）の四例を採りあげています。□は文字の解読が出来ていないところです。戦国の七雄（韓・魏・趙・燕・斉・楚・秦）の活躍した時代で、官鉨の法量、特に一辺の長さは二・五㎝から三㎝前後を測るものもあり、秦の始皇帝以前で不統一です。

〈私鉨〉

私鉨は鼻鈕銅印「事鉨」から「鄗均」までが姓名鉨（5～10）、鼻鈕銅印「㻌」（11）、「上士之右」「敬事」「明上」「安官」「長官」から亭鈕銅印「平上尓」までが成語（吉語）鉨（12～17）、亭鈕銅印「鳥紋」（18）から壇鈕「双獣紋」（25）を経て鼻鈕銅印「武人紋」（30）に至る図像を伴う鉨までが肖生鉨（18～30）です。文字印に関しては陳光由らによる『戦国璽印分域研究』（二〇〇九）が進みつつあり、「長邦」鉨は「長」字から晋系、「王□（璌）」鉨は「王」字から斉系であることなどが読み取れます。また「事鉨」の「事」は発音から「史」姓につながるとも言われています。

【秦漢三国両晋南北朝時代の印章――官印と私印――】

〈官印〉

【田字格印】

初めに掲げた魚鈕銅印「南郡候印」、亀鈕鎏金銅印「間空司空」、鼻鈕銅印「定陽市丞」の三顆（31～33）はいずれも「田字格」という様式の中におさまるものです。早くは戦国時代には現われ、秦から前漢初期まで通有する様式ですが、最初の「南郡候印」（31）は秦～前漢初期あたりでおさまるものの、「間陽司空」（32）は『雲夢秦簡』に名が見えないうえに法量が小さすぎ、また「定陽市丞」（33）は印面の「丞」字は前漢の特徴をもちながら、鈕形・印台・法量は魏晋のそれであり、内部矛盾があって、疑偽ありとせざるをえません。

【矦印】

『漢書』百官公卿表をみると「関内侯為十九爵」、『三国志』裴松之注引「魏書」には「置名号侯爵十八級、関中侯爵十七級、皆金印紫綬、又置関内外侯十六級、銅印亀鈕墨綬」などと出てくるのですが、柳春満『秦漢封国食邑賜爵制』（一九八四）によれば、この間の歴史的推移を「関内矦在東漢時期的地位和権益已大為下降。其地位在郷侯、亭侯之下」と記しています。ここでは亀鈕鎏金銅印「都郷矦印」（34）、「都亭矦印」（35）、「関内矦印」（36～41）、「関中矦印」（42～44）、「関外矦印」（45～47）の順序で14顆を配列しています。史書によれば関内侯は前漢から曹魏・蜀漢・孫呉を経て両晋・後趙・南涼あたりまで、関中侯、関外矦も三国～南梁あたりまでは確認できるのですが、その前後数百年にわたる官の変遷を、印学的方法で細かく断代しようとした結果を示しています。鈕形、字形、法量の変遷などに注目しながら整理を進めることができます。

【都尉】

本来であれば「将軍章」を先に挙げるべきかと思いますが、ここでは九卿のひとつであった光禄勲府に所属した「都尉」から始めさせていただきます。通常、「奉車都尉」「駙馬都尉」「騎都尉」をもって「三都尉」と称しますが、奉車都尉は皇帝の車馬を掌り、駙馬都尉は皇帝の副車を掌り、騎都尉は皇帝直属の騎兵（羽林）を掌ったとされています。多くの場合、皇帝に近い宗室外戚が任命されたと言われていますが、彼らの名は『後漢書』百官志にはすでに登場しており、『三国志』『晋書』の時代（十六国時代）にも見えます。亀鈕鎏金銅印の「奉車都尉」（48～49）、同「駙馬都尉」（50）がそれらに当たりますが、法量の小さな「奉車都尉」（49）は十六国時代の前燕あたりに絞れないかと考えています。「武猛都尉」（51）は鈕式・字形・法量などから晋まで下がります。「殿中都尉」（52）は『晋書』與服志に登場しますが、同時代の印章です。

【将軍章】

将軍には大将軍（一品）、驍騎・車騎・衛将軍、東南西北を治める四征・四鎮将軍（二品）、四安・四平将軍、前・後・左・右将軍、征虜・冠軍・輔国将軍（三品）、揚武・廣武・振威将軍（四品）、伏波・淩江・折衝、偏・裨将軍・牙門将（五品）などがあり、時代により官品や俸給の高下が生じたようです。

本編では亀鈕銀印「楼船将軍章」（53）、亀鈕銅印「偏将軍印章」（54）、亀鈕鎏金銅印「虎牙将軍章」（55）、同「伏庾将軍章」（56）、同「揚武将軍章」（57）、同「淩江将軍章」（58）、同「振威将軍章」（59）、亀鈕銅印「折衝将軍章」（60）、同「裨将軍章」（61）、同「材官将軍章」（62）、亀鈕鎏金銅印「立節将軍章」（63）、同「廣武将軍章」（64）、そして瓦鈕玉印「虎威将軍章」（65）などを採りあげています。

「楼船将軍章」（53）は前漢時代のすばらしい銀印ですが、亀の眼や口の部分が削り取られていて痛々しさがあり何かを感じさせます。前漢の武帝に認められ、南越が反乱を起こすと楼船将軍となって敵を征服し、また衛氏朝鮮の征服にも赴き、勝利は得たものの、命令違反や兵の損失を理由に最後は罷免され、庶民となった楊僕のことなどを思い起こしますが、亀鈕の一部滅損は何を意味しているのでしょうか。時代は少し異なるようですが気にかかるところです。

そのほか文献史料的には偏将軍・虎牙将軍などは前漢時代、淩江将軍・振威将軍・折衝将軍・

材官将軍・廣武将軍などは後漢時代、虎威将軍・伏波将軍は曹魏、裨将軍は両晋、揚武将軍は前秦、立節将軍は南梁時代にその将軍号を見いだすことができますが、そのことがただちに官名の上限下限を示すわけでも、実物印章の年代を指し示すわけでもないことは既にのべた通りで、考古学的方法をふくめた印学的方法による断代は欠かせない作業と言えます。と同時に「淩江将軍」と「裨将軍」とではどちらが命令・指揮系統では上位かという問題になりますと、『宋書』百官志の「淩江将軍下有裨将軍」という記述が参考になる大切な情報を提供しており、双方ともに視界にいれて考察する複眼思考的なアプローチの姿勢は大事です。

「伏廋将軍章」(56)は今までずっと「伏波将軍章」と釈文されてきましたが、ここではあるがままに「廋」字で読み、「廋」とは何か、今後の研究課題のひとつにしたいと思います。瓦鈕玉印の「虎威将軍章」(65)は材質的にも法量的にも官印としては疑偽があります。

【将印】

牙門将については、さきほど将軍章(五品)のところでも紹介しましたが、それほど高い官位の将軍ではありません。一般的に「大将軍旗下にあって軍の造った砦の入口(牙門)を守備する将軍」とされており、大方の場合、将軍に任命された者が最初に就く将軍職とされています。ここでは亀鈕銅印「牙門将印」(66)と駝鈕鎏金銅印「牙門将印章」(67)の二顆を採りあげています。『三国志』魏志鍾拐會傳には「先遣牙門将許儀在前治道、會在後行」とあり、『晋書』李特載記には「特遣其牙門将王角、李基詣洛陽陳廞趙罪状」といった記事もみられますので、その軍務の内容はかなり広範多岐にわたっていたようです。駝鈕の印章が含まれているのは、これは晋からの蕃夷印的な頒給品ではなく(蕃夷印の駝鈕とは形状が異なる)、十六国時代の匈奴・氐・羌などが打ち建てた民族国家による自主独立の官印と考えることができます。

【中郎将印】

中郎将は、元来、平時には宮殿の門戸を護り、戦時には戦車や騎兵を指揮統率する皇帝の直属武官であったとされていますが、五官・左・右、東・南・西・北、虎賁・羽林中郎将(五品)

の官名を史書に見いだすことができますが、ここでは亀鈕銅印「殿中中郎将印」（68）を採りあげています。『晋書』職官志に「（屯騎等五校尉下有）更制殿中将軍、中郎、校尉、司馬比驍騎。……遂以（陳）勰為殿中典兵中郎将遷将軍」と記されていますが、同時代の印章と考えることができます。

【軍司馬印】

司馬とは本来、大司馬の命令指揮下にあって、軍の統括、賞罰、人事、祭祀などに関わる軍事行政官のことですが、部隊を指揮する司馬の中に軍司馬（六品）があります。『續漢書』百官志は「大将軍營五部、部校尉一人、比二千石：軍司馬一人、比千石」と記しています。ここでは「軍司馬印」三顆（69〜71）を配列しています。鈕形・字形・法量の変遷にご留意ください。

【軍假司馬】

軍假司馬についても『續漢書』百官志に「将軍下：其領軍、又有軍假司馬、假候、皆為副貳」とあります。軍司馬の副官ですがここでは鼻鈕銅印三顆（72〜74）を採りあげました。

【別部司馬】

別部司馬については『續漢書』百官志に「将軍下有：其別營領属為別部司馬」とあります。『三国志』呉書・呂蒙傳には彼が「別部司馬」⇓「平北郡尉」⇓「横野中郎将」⇓「偏将軍」（尋陽県令）⇓「廬江郡太守」⇓「左将軍」⇓「虎威将軍」⇓「漢昌郡太守」⇓「南郡太守」と昇りつめていった様子が描かれています。ここでは晋代のものを三顆（75〜77）とりあげました。

【假司馬印】

假司馬については鼻鈕銅印「假司馬印」（78〜81）四顆を掲げました。

『後漢書』西羌傳に「任尚又遣假司馬募陥陣士、撃零昌于北地」と出てきますので、実戦する假司馬の職務の一端を垣間見ることができます。

【司馬】

現地で部隊を率いる軍司馬、別部司馬のほかに、各種司馬（六品）が任命されており、基本的には軍事行政に携わっていました。参謀と監査官、或いは専門官を兼ね備えた職務として「方俗司馬」「中衛司馬」「建威司馬」「巧工司馬」「大醫司馬」「殿中司馬」「監軍司馬」（82～88）などが該当します。『晋書』職官志に「(左右衛将軍下有）文帝初置中衛及衛、武帝受命、分為左右衛……。並置長史、司馬、功曹主簿員」とあり、與服志にも「殿中司馬中道、殿中都尉在左、殿中校尉在右」とありますので、たとえば「殿中司馬」（87）など、左右衛将軍下にあって軍務に関わる高度な職務についていたと考えられます。その他の司馬印（89～90）には疑偽があります。

大将軍（一品）をトップとする軍官組織、各種将軍（二品～五品）、中郎将・校尉・西域都護（五品）を経て、都尉・軍司馬・別部司馬・各種司馬（六品）までをみてきましたが、次は「軍候」（七品）です。軍候には曲（校尉・司馬は部を編制）を率いる部隊長、部曲督や部曲将が含まれます。

【騎督之印】

最初にとりあげておきたいのは「騎督之印」（91）です。鼻鈕銀印で鈕形・字形・法量などから後漢の初期に属します。両晋時代（二六五～四二〇）や後蜀時代（三〇二～三四七）にも官名が存続していますが、亀鈕銅印「騎督之印」（92）は「督」字と「之」字の時代が合わず、法量も小ぶりで疑偽が残ります。

【騎部曲督】

騎部曲督は騎兵の部曲督の意味ですが、鼻鈕銅印の方（93）は後漢時代に属し、もうひとつの方（94）は晋時代に属します。

【部曲督印】

『三国志』魏志・斉王芳傳には「甘露二年（二五七）八月詔：諸葛誕凶乱、部曲督秦絜秉節守義、為所殺」といった記事が載せられています。ここでは鼻鈕銅印四顆（95〜98）と駝鈕銅印一顆（99）の合計五顆を時代順に配列しています。最後の駝鈕印は「牙門将印章」（67）でも言及したように、十六国時代の匈奴・氐・羌などの少数民族国家の官印であると考えられます。

【騎部曲将】

騎部曲将とは騎兵の部曲将の意味ですが、鼻鈕銅印「騎部曲将」（100）が存在しています。三国時代に属する官印です。

【部曲将印】

鼻鈕銅印「部曲将印」を八顆（101〜108）並べています。後漢から三国を経て東晋に至る時代の「部曲将印」です。文献にも『後漢書』百官志に「（将軍下有）領軍皆有部曲」、天文志に「中平二年（一八五）大将軍部曲将呉匡攻殺車騎将軍何苗」、『三国志』魏志・龐悳傳に「討関羽、将軍董衡、部曲将董超等欲降、悳皆收斬」、『晋書』成帝紀（三二六〜三四二）に「有部曲将李龍」などとありますので年代的にもほぼ重なっています。東晋の「部曲将印」（108）の鼻鈕が高くなって長鼻鈕に変化し、続く南朝（宋・斉・梁・陳）の鼻鈕に連なっていく兆しを見せ始めているのは興味深いことです。

【軍曲候之印】

亀鈕銅印「軍曲候之印」（109）は前漢末（新）の王莽の時期の銅印です。

軍曲候に亀鈕印が頒給されたのはこの時期の特徴で、「候」字には人偏がついていて「矦」字とは異なることに注意をはらっておくことは印学上、重要です。

【軍曲候印】

軍曲候印については『後漢書』百官志に「大将軍營五部、……部下有曲、曲有軍候一人、比六百石」とあります。ここでは二顆（110〜111）を載せています。

【軍假候印】

軍假候印に関する文献史料的根拠については、既に軍假司馬のところで引いておりますのでここでは省略し、後漢時代の一例（112）を挙げておきます。

【長史之印】

『通典』職官などでは、丞相や大将軍の周辺にこの名がみえますが、将軍の幕僚（六品）であったと考えられています。鼻鈕銅印「長史之印」（113）と同「大将長史」（114）の二例を挙げておきます。

【丞印】

丞とは補佐官のことですが、鼻鈕銅印「軍倉丞印」（115）と同「大醫丞印」（116）を掲げています。『後漢書』百官志には少府下に「大醫令一人、六〇〇石。本注日：掌諸醫。薬丞、方丞各一人」とあり、『三国志』百官表にも同様の事が記されています。軍倉や医療に携わった補佐官の印章と考えられます。

【立義行事】

行事という官名については『後漢書』西域傳に「敦煌行事」があり、『三国志』魏志・高貴郷公紀裴注引にも「帳下行事」があり、漢魏以降の官名とされています。鼻鈕銅印「立義行事」（117）は晋時代まで下がる官印です。

【州・郡・県・侯国尉】

州や郡県、そして侯国に関係する官印も幾つか採りあげておきます。鼻鈕銅印「箕州従事」(118)、亀鈕銅印「受降尹中前候」(119)、鼻鈕銅印「南郷左尉」(120)、瓦鈕銅印「武城左尉」(121)、鼻鈕銅印「襄郷國尉」(122)、同「池陽矦丞」(123)などがそれに該当します。このうち「襄郷國尉」については『後漢書』百官志を典拠とした羅福頤主編『秦漢南北朝官印徴存』(文物出版社、一九八七)に「縣下有侯国置相、尉大縣二人、小縣一人。尉主盗賊。此為侯国之尉印」とあり、参考になります。

【県令印】

『漢書』百官公卿表には「縣令掌治其縣萬戸以上為令、秩千石至六百石。減萬戸為長、皆有丞尉、秩五百石至三百石」とあります。県令印は亀鈕銅印「安陵令印」(124)から鼻鈕銅印「安陽令印」(135)まで、前漢時代から南北朝時代まで全部で一二顆を選んでいます。亀鈕銅印は一顆だけで他の一一顆は鼻鈕銅印です。特に「令」字の変遷には興味深いものがありますので、同一平面上の四文字を一括遺物として比較してみると面白いかもしれません。「安陵令印」(124)は『漢書』地理志によれば「右扶風下有安陵縣」、「尋陽令印」(127)は『後漢書』郡国志によれば「廬江郡下有尋陽」、「長廣令印」(129)は『宋書』州郡志によれば「長廣属青州長廣郡」、「新城令印」(131)は『南斉書』州郡志によれば「新城属揚州呉郡」、「閬中令印」(132)は『三国郡縣表』によれば「巴蜀郡有閬中縣」、「江都令印」(134)は『晋書』地理志によれば「江都属徐州廣陵郡」、そして「安陽令印」(135)は『南斉書』州郡志によれば「安陽属司州汝南郡」とあり、任地の県令が帯びていた官印ということになります。

【県長印】

県長印として鼻鈕銅印「朔方長印」(136)、同「建始長印」(137)、亀鈕銅印「方城長印」(138)の三顆を採りあげています。「朔方長印」(136)は『秦漢南北朝官印徴存』によれば「前漢官印」となっていますが、「長」字の字形や法量から推して後漢末～三国時代の官印と判断できます。

「建始長印」（137）は『晋書』地理志によれば「建始属荊州建平郡」の県長印ですが、三国～西晋時代の官印です。「方城長印」（138）は亀鈕である点（通常は鼻鈕か瓦鈕）と鈕と印文の向きが反対方向である点で、官印として疑偽があります。

【郷官印】

亀鈕銅印で「単祭尊印」（139）があります。『秦漢南北朝官印徴存』には「始楽単祭尊」「萬歳単祭尊印」「長生安楽単祭尊之印」なども掲載されていますが、『集古官印考証』などの古文献によりますと「祭尊非姓名、乃古之郷官也」とあります。地域組織末端の郷里制下の祭祀職であったと考えられます。鈕形・字形・法量から推しますと前漢末～後漢初期のものと思われます。

【唯印】

亀鈕銅印「済南唯印」（140）、鼻鈕銅印「丁氏長幸唯印」（141）、半環鈕銅印「少年唯印」（142）と呼ばれる印章があります。文献史料に詳細が書かれていないのでよく解りませんが、法量は随分と小さく、中には「少年唯印」のような半通印もあります。かつて王献唐は『五鐙精舎印話』の中に「唯印」の一項をたて、「大小方長、形制不一、亀鈕鼻鈕瓦鈕、亦多不同」と述べて、官印として認めてよいかどうか慎重な発言をしています。末端の印章であるとは言え、『秦漢南北朝官印徴存』所収の唯印とともに注目しておきたいと思います。

以上が中央官制と地方官制のあらましです。

続いて周辺民族官印とも言われる「蕃夷印」についてのべておきましょう。

〈周辺民族官印・蕃夷印〉

蕃夷印は「漢」代のもの三顆、「魏」のもの四顆、「晋」のもの一一顆をとりあげています。

漢の蕃夷印には「漢夷邑長」（143）、「漢叟邑長」（144）、「漢青羌邑長」（145）の三顆があります。

はじめの二類は蛇鈕銅印で、三類目は駝鈕銅印です。蕃夷印は王朝の内臣印と比較して、その法量が同等か、もしくはひとまわり小さく造られていることを先にのべましたが、同じ「漢」であっても前漢、後漢、蜀漢、あるいは十六国中の成漢などの各種の「漢」が考えられ、真贋の問題、鈕形・印文・字形・法量等を総合して、その印章資料の真価を問うことが必要となります。特に「長」字の字形から「漢夷邑長」（143）を前漢末～後漢初期、「漢叟邑長」（144）を蜀漢以降と判断していますが、「漢青羌邑長」（145）は「長」の字形が前漢の特徴を有しているのに、法量が大きすぎて魏晋以降の数値を示しており、矛盾があり、疑偽ありとせざるを得ません。『秦漢南北朝官印徵存』には故宮博物院蔵印である駝鈕鎏金銅印「漢青羌邑長」印を「両漢頒給兄弟民族官印」の中に掲載していますが、その「長」字は後漢以降のそれであり整合していません。「漢青羌邑長」（145）は恐らく故宮博物院蔵印等をモデルに、不確かな知識のまま造作したものと思われます。

蜀漢の軍隊について補足すれば、建興六年（二二八）に、宰相であった諸葛亮孔明（一八一～二三四）が昭烈帝劉備（一六一～二二三：在位二二一～二二三）の后主である皇帝劉禅（在位二二三～二六三）に奏上した『諸葛亮後出師表《すいしのひょう》』の中に「蜀漢軍隊有賓、叟、青羌（羌の分支）等族」とあります。これにより従来の官制部曲のほかに、豪強地主のもつ私兵部曲から募った「義兵」、占領地で獲得した「征兵」、投降兵から成る「収降兵」、民衆を強制的に普通民戸（州郡地方政府に隷属し、農業・手工業・商業に従事し、田租・戸調・徭役の義務を負う）、屯田戸（各級農官に属して、農奴的に農業生産に従事し、兵役は免除）、軍戸（士家・兵家に属し、軍将兼管あるいは州郡代管によって、もっぱら兵役に服す）の三部に分け、そのうちの軍戸に身を置いた「世兵」、そして「少数民族兵」などから成り立っていたことが知られています。ここに掲げた「夷」「叟」「青羌」等の蕃夷勢力はそれらにかかわった荊州、四川・湖南、益州方面の民族であると考えられます。

魏の蕃夷印は駝鈕銅印「魏烏丸率善邑長」（146）、馬鈕銅印「魏烏丸率善佰長」（147）、羊鈕銅印「魏烏丸率善佰長」（148）、駝鈕銅印「魏率善羌百長」（149）の四顆を採りあげています。「烏丸」は後漢時代には「烏桓」と文献に記され、印章も「烏桓」と刻まれているのですが、同じ民族でも駱駝・馬・羊と、鈕が多様であるのは興味深いことです。

晋の蕃夷印は羊鈕銅印「晋匈奴率善佰長」(150)、駝鈕銅印「晋上郡率善佰長」(151)、(欠損)駝鈕鎏金銅印「晋帰義羌王」(152)、駝鈕銅印「晋率善羌邑長」(153)、同「晋率善羌佰長」(154)、馬鈕銅印「晋率善氐邑長」(155)、羊鈕銅印「晋率善氐佰長」(156)、馬鈕銅印「晋率善氐佰長」(157)、駝鈕銅印「晋率善氐佰長」(158)、同「晋率善胡仟長」(159)、同「晋率善胡佰長」(160)の一一顆です。

ここまで通観してきて解ることがあります。それは①漢代には「邑長」クラスしか見えていなかった組織構造が、魏晋以後、邑長⇓仟長⇓佰長というようにより明確に見えるようになってくるということであり、②それらは「率善」(皇帝の徳化に率いられている)という修飾語を伴っていますが、「魏烏丸率善邑長」(146)と「魏率善羌佰長」(149)を比較するとわかるように、烏丸のように民族名が二文字以上の場合には「率善」の位置は民族名のあとに、羌のように一文字の場合には民族名の前に置かれるという無言の法則に気づかなければなりません。『日本考古学事典』(三省堂)の中で女王卑弥呼が魏から「親魏倭王」金印と共に下賜された「率善中郎将」「率善校尉」銀印について、内モンゴル自治区博物館所蔵の「晋鮮卑率善中郎将」銀印を根拠に「魏倭率善中郎将」「魏倭率善校尉」と復元しておられる先生がおられますが、これは間違いです。「親魏倭王」は「倭」一文字で呼ばれているのであり、これは大阪府立近つ飛鳥博物館所蔵の駝鈕銀印「晋率善羌中郎将」(二・二五×二・二五×二・七五㎝　五五g)と比較すれば明らかなように、正しくは「魏率善倭中郎将」「魏率善倭校尉」となる筈です。そして③三国時代の蕃夷印という時に、「魏」を冠したもの(烏丸・屠各・氐・羌・高句驪・韓・貊・扶餘・匈奴・支胡)が圧倒的多数で、「蜀」「呉」を冠した蕃夷印をほとんどみないということは、大国魏の政治的突出性と巧みな周辺民族に対する統治原理を示していると言えます。また④これら蕃夷印の印文構造を分析する時、それらは「宗主国+民族名もしくは国名+官号」(帰義、率善の修飾語を伴う場合もある)を基本形としており、「宗主国+民族名+国名+官号」というかたちは印制上、皆無であり、国宝金印「漢委奴國王」印は「漢の倭(民族)の奴(部族)の國王」と読むことはできず、江戸時代の藤貞幹・上田秋成・青柳種信といった学者たちが論じたように「漢の委奴(=怡土=伊都)國王」と読まざるを得ないのです。そしてもうひとつ大切なのが⑤「晋帰義羌王」(152)

です。「帰義」（皇帝の武威に服し、かつ武力をもって皇帝に協力する）とは「王」「侯」以上の者に用いられる修飾語で、「率善」より上位にあることも、印学が証明してくれるのです。

最後にふれておきたいのは、「晋率善氐邑長」（155）と「率義矦印」（161）との関係です。双方とも大形の馬鈕印ですが、漢魏晋を通じてこの形状の馬鈕印が頒給されたことはありませんでした。本来ならば「魏烏丸率善佰長」（147）や「晋率善氐佰長」（157）のような小ぶりの形態の馬鈕の筈です。この相異と変化をどのようにとらえてゆけばよいのでしょうか。

「率義矦印」（161）のような大形の馬鈕印は「親趙矦印」と「帰趙矦印」で確認されています。その印文から、これらの大形の馬鈕印は、基本的に「趙」独自の文化性を表出したものと見ることができます。したがって「率義矦印」は鈕形・印文の字形・法量から推して、これは明らかに前趙（三〇四～三二九）時代の印章と判定することができます。前趙は匈奴の興した十六国のひとつですが、氐の成漢（三〇四～三四七）は、この前趙と東晋（三一七～四二〇）との狭隘《きょうあい》にあって、その発展は困難で内部矛盾も大きかったようです。

『匈奴歴史年表』（一九八四）には、東晋の明帝太寧元年、前趙の劉曜光初六年（三二三）に「氐、羌皆送任（送人質）請降」とあるので、「晋率善氐邑長」印（155）は、此のころの時代の印章ではないかと考えています。

以上で官印の解説を終え、続いて、私印に移ってまいりましょう。

〈私印〉

私印は、鈕形から言えば壇鈕・鼻鈕・瓦鈕・橋鈕、権鈕・亀鈕・辟邪鈕など、形態から言えば官印でみたもの以外に、両面印・套印（母子印もしくは母子孫印）・六面印など、印面から言えば姓名印（半官半私を含む）・字《あざな》印・成語印・肖生印など、法量は官印よりやや小さめであるということができます。

【姓名印】

壇鈕・鼻鈕印

壇鈕銅印「曹昌」（162）は秦～前漢初期にかけての私印で鈕の上面に饕餮《とうてつ》紋らしき紋が表現されています。正方形の印面は界線で囲まれ、その中に文字が刻されています。鼻鈕銅印「隗登」（163）は官印の半通印のように長方形で日字格の中に文字が配されており、続く銅印「楊齮」（164）も二文字表記です。鼻鈕銅印「董義」（165）は正方形で漢篆を用い、前漢時代に属するものです。

繆篆・鳥虫書印

後漢の許慎は『説文解字』序の中で「繆篆」（綢繆《ちゅうびゅう》とは纏わり絡むの意）や「鳥虫書」（鳥や虫や魚の形を使って芸術的に作った文字）の私印から五例紹介します。亀鈕銅印「鮑勲私印」（166）、同「孫福私印」（167）、瓦鈕銅印「王福私印」（168）、亀鈕銅印「梁勝之印」（169）、蛙鈕銅印「黄勲之印」（170）などがそれらに該当します。姓名は二文字ですが、その後ろに「私印」「之印」を表記する様式が登場すること、亀鈕や瓦鈕など鈕形の相異が身分の高下を反映していたことに注意をはらっておきたいと思います。

権鈕印

珍しい権鈕金印「劉智」（171）があります。泡形鈕と呼ぶ方もありますが、わたくしは「度・量・衡権（天秤とおもり）」の権にからめて権鈕と呼んでいます。上海博物館の孫慰祖先生の『中国印章——歴史與芸術』（二〇一〇）によれば、湖南省長沙市博物館に同じ鈕の金印「関都君」（前漢）があります。公正を尊び重んじていた高位の方の印章かも知れません。

亀鈕印

亀鈕の私印は姓名印一四顆（172～185）を採りあげています。「董逢」（172）、「紀光」（176）、「任賀」（179）のような二文字印、「董中舒」（177）、「公孫買」（183）のような三文字印、その三文字の姓名に「印」字を付す「孫部適印」（180）、「賈延年印」（181）、姓名の後ろに「私印」をつける「楊都私印」（173）、「史宗私印」（174）、「徐宏私印」（185）、「之印」をつける「李乙之印」（182：「李印」は白文、「乙」「之」は朱文）、「呂咸之印」（184）、「家印」をつける「任氏家印」（178：半官半私）、そして「之印信」を付した「伍永之印信」（175）など、さまざまな様式のものがあります。また亀鈕にも、官印における北魏と南朝の時代だけではなく、それ以前から地域性が反映されているようであり、私印の場合、単一の同一形式内変遷を追うだけでは不十分で、今後、さらに研究を深めていく必要があります。

瓦鈕印

瓦鈕の私印は一九顆（186〜204）を採りあげています。姓名の後ろに「私印」とつくものを「魯胡私印」（186）から「商棱私印」（193）まで八顆、「之印」とつくものを「王禹之印」（194）から「荘徳之印」（197）まで四顆、姓名だけのものを「徐諗」（198）から「五定」（204）までの七顆、配列しています。

年代判定の基準として典型的な資料は「王禹之印」（194）です。「王」「之」「印」字のいずれもが前漢時代の特徴を備えています。「王」字の中央の横一画が真中より上に寄り、押捺印影の「之」字の右側を高く左側を低く刻し、「印」字の末尾の爪先（人体を側面からみた形）が垂下しているなど、前漢時代の特徴で、後漢以降はこれが徐々に変化していくのです。そのほか「璽」「國」「守」「尉」「丞」「令」「長」「私」字などにも時代的特徴がありますので、それらを一字だけではなく複数の文字で押さえていくと編年の精度が高くなります。なお瓦鈕銅印「五定」（204）は辺長に比して印台高が低すぎるので印面を削って後刻した可能性もあります。

橋鈕印

「瓦鈕」の端部が印台の両側にまで達したものを「橋鈕」と呼んでいます。橋鈕銅印「紀得之印」（205）は「紀」「印」は朱文、「得」「之」は白文で造られており、「公孫乗印」（206）は封泥用にも押せる精美な印章です。

両面印

私印の中で特徴的な印章は両面印です。朝鮮の楽浪郡でも「楽浪大守掾王光之印・臣光」や「五官掾王盱印・王盱印信」などが出土しておりましたが、いずれも木印でした。ここに紹介する両面印はすべて銅印で、表裏ともに図像をもつ肖生印「虎・鳥紋」(207)、表裏ともに文字をもつもの(208〜211)、表は文字で裏は図像をもつもの(212)の三種に分けることができます。「胡王孫」(208)の「王」字は前漢、「李右大印」(209)の「印」字は前漢、「臣右」(210)は朱文・白文混淆、「李係之印」(211)は「之」字が後漢、「印」字が前漢末期の特徴をもつのでその時代(新しい要素を相対的に重視する)、「張安國」(212)の「國」字は後漢、こういった特徴に注目して、歴史学には不可欠の時代を決めていくことができるのです。

辟邪鈕印

私印の中で「私印中の私印」「白眉」と呼べるものの中に辟邪鈕(獅子鈕)の鎏金銅印があります。「夏博」(213)、「尹立私印」(214)、「邯鄲拾印」(215)の三顆を選んでいますが、いずれも美術工芸的にもすぐれた優品です。神仙思想・陰陽五行説・讖緯《しんい》説などを伴う道教的な考え方の影響下で、後漢時代あたりから盛行してくる護符的な意味合いの強い私印と考えられます。時代の進展に伴い、印台高の総高に対する比率が三〇・九〜三八・五%前後に高まっていく傾向をもつようです。

套印

辟邪鈕印の発展形式として「套印」と呼ばれる範疇の中に入る「辟邪鈕母子銅印」(216)と「辟邪鈕母子孫銅印」(217)があります。前者は「左光印信」「左光」の印文をもつもので「母子」印、後者は「陳南印信」「陳南」「白方」の印文をもつもので「母子孫」印と呼ばれます。後漢時代の前者は獅子鈕で総高に対する印台高比は約三三・九%、西晋時代の後者は角の伸びた霊獣

（鹿に似た二角をもつ典型的な辟邪）で三九・五％を測ります。套印という点では共通ですが、時代の進展とともに、外形や比率に変化が生じてきますので注意をはらっておきたいものです。

六面印

『晋書』孝友傳には「顔含字弘都琅邪莘人也……三子髦謙約。髦歴黄門侍中光禄勲謙至成安太守、約零陵太守、并有聲誉」とあり、一九五八年に江蘇省南京老虎山第三号墓（顔約の墓）から亀鈕石印「零陵大守章」（三・五×三・五×二・〇㎝）が出土しています。その顔約の子が顔綝（字は文和、州西曹騎都尉）であり、南京老虎山第二号墓から「顔綝」「臣綝」「顔文和」「顔綝白牋」「顔綝白事」「白記」と刻んだ六面印が出土しています。顔綝は東晋の永和元年（三四五）七月二〇日に亡くなり九月に埋葬されたことが知られています。第四号墓からは「顔鎮之」「臣鎮之」「顔鎮之百事」「鎮之百牋」「鎮之言事」「白記」の六面印が出土しており、また第一号墓からは顔約の兄である顔謙の妻「顔謙婦劉氏墓誌」（三二・〇×一四・五×四・五㎝）も発見されています。また字形について言えば「顔綝」「顔文和」など、魏の「正始石経」の篆書に似た「懸針篆」（縦の画が長く引かれその末端が細く尖る書体）が加わることも魏晋の特徴です。

顔氏と言えば南北朝時代の末期には『顔氏家訓』で有名な顔之推（五三一頃～六〇二／六〇三）が登場します。山東省の豪族の出身ですが、建康（南京）に移住し、梁・北斉・北周・隋に仕えました。南北朝の貴族生活を双方経験しましたが、江南貴族の華美を戒め、北朝貴族の堅実な生活・道徳・交際・教養を尊ぶよう「家訓」を遺したとされています。

このほかに一九六六年に発見された同じ江蘇省の鎮江東晋第二九号墓からも「三五将居」「大一三府」「南帝三郎」などの道教的な印文をもつ六面印が発掘されていて、六面印が東晋時代に盛行していたさまを知ることができます。

六面銅印「劉躭」（218）は「臣躭」「劉躭之印」「劉躭白牋」「劉躭言事」「劉躭」の印文をそれぞれの面にもっていますが「劉躭」のひとつは懸針篆です。

六面銅印「劉徳」（219）は「臣徳」「劉徳之印」「劉徳白牋」「劉徳言事」「劉徳」の印文をもっています。いずれも東晋時代に属すると考えています。

寧楽美術館所蔵印の研究成果と図版の概要解説は以上のとおりです。

四 まとめと今後の課題──新しき印学のために──

「寧楽美術館古鉨印選──方寸の世界に歴史をよむ──」と題して、第一章　日本における中国古印の蒐集と印章五大コレクション、第二章　寧楽美術館所蔵印との出遭い、第三章　印章の調査と研究の方法論、第四章　寧楽美術館所蔵古印の調査と研究　という順序で、執筆してまいりました。特に第四章の二「寧楽古印の印学的研究」では、印章資料の基本情報の作成から始め、時代別・官私別・鈕式別・官職別・形態別の分類を試みました。また、金印「平東将軍章」の断代が四人の中日の先生方によって「前漢」「漢」「魏～南北朝」「晋」と各々異なって判定され、前後数百年の幅をもっているという現状に鑑み、なんとか、それをもう少し精度高く、「歴史学に貢献しうる印学」として止揚することができないかということで、鈕式・様式・字形の変遷に注目し、文献史料に見える官号の通有年代を視界に取り込み、考古学的出土資料による印章の年代特定（断代）に挑戦してみました。具体的には文部省から科学研究費をいただいて取り組んだ「中国古印の考古学的研究」（一九八九）の成果をベースに置きながら、まずは①出土印章資料全体を概観し、配列し、②印章編年上の基準定点となる年代の明確な考古資料を選定し、次に③基準定点と基準定点とを結ぶその間に配列される考古資料を充填し、かつ④漢・魏・晋など一定の年代幅を示す王朝名（宗主国名）を伴う蕃夷印をふさわしい位置に置きながら、そして⑤『魏書』の中に「官度」「官秤」という言葉を発見し、「官印は官度・官秤をもっとも端的に示す表象ではないか」との立場から、年代特定された出土官印・出土私印の法量を点検し、それらが一定の枠の中で、時代の規準を反映していることを確認し、出土資料ではない伝世品の場合でも、法量により、時代判定が可能となることを示唆し、これらの複眼思考的な方法論の綜合によって、「歴史学に貢献しうる印学」が可能となるのではないかと考えてきました。これらの方法論を駆使してまとめた結果が第四章の三「寧楽古印の研究成果と図版の概要解説」ということになります。

わたくし自身、印学とは本来、人間権力の研究であり、権力の表象である印章を通して、国家権力の中央官制・地方官制・時には周辺民族との有機的な関係を調べ、人間の相対主権の栄枯盛衰を、時代の変遷とともに追究し、明らかにし、現代史的教訓を、至高者の絶対主権をも包摂しつつ、「方寸の世界」に（それは美のあふれる世界でもありますが）よみとる学問もしくは学術であろうかと考えています。

まだまだ不分明なところも多々ございますし、中央官印・地方官印・蕃夷印など制作地の追究や金属組成の分析など行ってみたいこともありますが、今後この小著が「日本の印章五大コレクション」のみならず、国内外におられる熱心な印章愛蔵家の方々、印章研究家の方々、書道・篆刻芸術に携わる方々、そして歴史学に深い関心を寄せる方々のお役に立ち、「新しき印学」の発展のために貢献しうるならば誠に嬉しくおもいます。

（大阪芸術大学客員教授　文学博士　西泠印社名誉社員）

【参考文献】

和田清『中国官制発達史』汲古書院　一九四二
日中民族科学研究所『中国歴代職官辞典』国書刊行会　一九八〇
黄本驥編『歴代職官表』一八四六　上海古籍出版社（重印版）一九六五
臧云浦・朱崇業・王云度『歴代官制、兵制、科挙制表釈』江蘇書籍出版社　一九八二
安作璋・熊鉄基『秦漢官制史稿』上冊・下冊　斉魯書社　一九八四
柳春満『秦漢封国食邑賜爵制』遼寧人民出版社　一九八四
陳茂同『歴代職官沿革史』華東師範大学出版社　一九八八
譚其驤主編『簡明中国歴史地図集』中国地図出版社　一九九一
羅振玉『赫連泉館古印存』正続集　一九一五、一九一六
国立故宮博物院編纂『故宮璽印選萃』ＧＡＫＫＥＮ　一九七四
羅福頤『古璽印概論』文物出版社　一九八一
国家計量総局主編『中国古代度量衡図集』文物出版　一九八一　邦訳一九八三

王伯敏編釈『古肖形印臆釈』上海書画出版社　一九八三
叶其峰主編『故宮博物院蔵肖形印選』人民美術出版社　一九八四
林幹『匈奴歴史年表』中華書局　一九八四
王献唐『五鐙精舎印話』斉魯書社　一九八五
秦孝儀・呉哲夫・袁旃『中華五千年文物集刊　璽印編』編輯委員会　一九八五
井上秀雄他訳注『東アジア民族史』平凡社　一九七六
内田吟風・田村実造他訳注『騎馬民族史一』平凡社　一九七七
羌族簡史編写組『羌族簡史』四川民族出版社　一九八六
羅福頤主編『秦漢南北朝官印徴存』文物出版社　一九八七
中国軍事史編写組『中国軍事史　第三巻　兵制』解放軍出版社　一九八七
黄烈『中国古代民族史研究』人民出版社　一九八七
李鐘哲『韓国の印章』国立民俗博物館　一九八七
方介堪編纂・張如元整理『璽印文綜』上海書店　一九八九
王人聰・葉其峰『秦漢魏晋南北朝官印研究』香港中文大學文物館　一九九〇
叶其峰『古璽印與古璽印鑒定』文物出版社　一九九七
余太山『両漢魏晋南北朝正史西域傳研究』中華書局　二〇〇三
陳光田『戦国璽印分域研究』岳麓書社　二〇〇九
孫慰祖『中国印章―歴史與芸術』外文出版社　二〇一〇
孫慰祖『中国璽印篆刻通史』東方出版中心　二〇一六
関野貞・園田湖城ほか『書道全集』第三、第二七巻　平凡社　一九三一、一九三二
太田孝太郎『古銅印譜挙隅』一九三四、『古銅印譜挙隅補遺』（小林斗盦編）一九六九
太田孝太郎「中国古印概説」『定本書道全集』印譜篇　河出書房新社　一九五六
栗原朋信『秦漢史の研究』吉川弘文館　一九六〇
大谷光男『研究史　金印』吉川弘文館　一九七四
神田喜一郎監修『大谷大学所蔵　禿庵文庫　中国古印図録』便利堂　一九六四
太田孝太郎『漢魏六朝官印考』一九六六、『漢魏六朝官印考譜録』一九六七
園田湖城蔵・加藤慈雨楼編『平盦攷蔵古璽印選』一九六八
中田勇次郎「中国印章概説」『書道全集』別巻Ｉ　印譜　中国　平凡社　一九六八
中村準佑『寧楽譜』財団法人　寧楽美術館　美研　一九六九
加藤慈雨楼編『有鄰館蔵　璽印精華　官印篇』藤井斉成会　一九七五
横田実『漢南書庫　中国印譜解題』二玄社　一九七六

神田喜一郎監修・加藤慈雨楼編『平盦攷蔵古璽印選』臨川書店　一九八〇
久米雅雄「金印奴国説への反論」『藤澤一夫先生古稀記念古文化論叢』一九八三
加藤慈雨楼『漢魏晋蕃夷印彙例・漢魏六朝蕃夷印譜』丹波屋　一九八六
久米雅雄「中国古印の考古学的研究」（文部省科学研究費実績報告書）一九八九
岩手県立博物館『太田孝太郎コレクション　中国古印』一九九〇
久米雅雄「『方寸の世界』に歴史をよむ――中国古印の考古学――」九州歴史大学講座　一九九一
東京国立博物館編『中国の封泥』二玄社　一九九八
久米雅雄『日本印章史の研究』（博士学位論文）雄山閣　二〇〇四
久米雅雄『アジア印章史概論』錫安印章文化研究所　二〇〇八；増補改訂版　二〇一六
久米雅雄『はんこ』法政大学出版局　二〇一六
久米雅雄「複眼思考と閃きと綜合と　印学より視たる松本清張古代史観」『松本清張〈倭と古代アジア史考〉』アーツアンドクラフツ　二〇一七

漢魏六朝官印分類表

区分		官名
中央官	一	王　矦　君　公侯伯子男　夫人　世子
	二	将軍　護軍　将
	三	司馬　督　候
	四	都尉　校尉　大夫　僕射　相　傳　使
地方官	一	刺史　牧　太守　内史　長史
	二	令
	三	長　宰
	四	丞
	五	尉
	六	史　従事　行事　監　千人　募人　司空　執姦　士　官　厨　功曹 掾　正　平　吏　雑載
	七	三老　祭酒　弾　単　単尉　祭尊　府　田　倉　庫　廥舎　都県 市　郷　亭　里
蕃夷		蛮夷

（太田孝太郎『漢魏六朝官印考』一九六六、『漢魏六朝官印考譜録』一九六七に基づいて作成。但し、地方官には中央からの派遣官が含まれることもある。）

中国王朝一覧

夏		Xia	前21－16世紀	
商(殷)		shang(Yin)	前16－11世紀	
西周		Zhou	前11世紀－771	
東周	春秋	Spring and Autumn	前770－403	
	戦国	Warring States	前403－221	
秦		Qin	前221－207	
前漢(西漢)		Western Han	前202－後8	
新莽		Xin	後9－23	
後漢(東漢)		Eastern Han	23－220	
三国	魏	Wei	220－265	
	蜀	Shu	221－263	
	呉	Wu	221－280	
両晋	西晋	Western Jin	265－316	
	東晋	Eastern Jin	317－420	
五胡十六国		Sixteen Kingdoms	304－439	
	成(後蜀)	Cheng Han	304－347（氐）	
	前涼	Former Liang	313－376（漢）	
	前趙	Former Zhao	319－329（匈奴）	
	後趙	Later Zhao	319－351（羯）	
	前燕	Former Yan	337－370（鮮卑）	
	前秦	Former Qin	351－394（氐）	
	後秦	Later Qin	384－417（羌）	
	後涼	Later Liang	386－403（氐）	
	後燕	Later Yan	384－409（鮮卑）	西燕384－394(鮮卑)は傍系
	西秦	Westrn Qin	385－431（鮮卑）	
	南涼	Southern Liang	397－414（鮮卑）	
	南燕	Southern Yan	398－410（鮮卑）	
	西涼	Westerm Liang	400－421（漢）	
	夏	Xia	407－431（匈奴）	
	北燕	Northerm Yan	409－436（漢）	
	北涼	Northern Liang	397－439（匈奴）	
南北朝			386－589	
	劉宋 Liu Song	420－479	北魏 Northern Wei	386－534
	南斉 Southern Qi	479－502	東魏 Eastern Wei	534－550
	梁 Liang	502－557	西魏 Western Wei	534－557
	陳	Chen	557－589	
	北斉	Northern Qi	550－577	
	北周	Northern Zhou	557—581	
隋		Sui	581－618	
唐		Tang	618－907	
五代十国		Five Dynasties and Ten Kingdoms	907－960	
宋		Song	960－1279	
遼		Liao	916－1125	
西夏		Western Xia,	1038－1227	
金		Jin	1115－1234	
元		Yuan	1271－1368	
明		Ming	1368－1644	
清		Qing	1616－1912	
中華民国		Republic of China	1912－1948	
中華人民共和国		China	1949－	

寧楽美術館の印章　方寸にあふれる美
ANCIENT CHINESE SEALS IN THE NEIRAKU MUSEUM OF ART COLLECTION
Art Compressed into One Inch Square

2017（平成29）年10月14日発行

監　修　久米雅雄
編　集　公益財団法人 名勝依水園・寧楽美術館
〒630-8208 奈良市水門町74
発行者　田中　大
発行所　株式会社　思文閣出版
〒605-0089 京都市東山区元町355
電話 075-533-6860

装　幀　上野かおる
印刷製本　西濃印刷株式会社

ISBN978-4-7842-1904-9　C1022

Ancient Chinese Seals in the Neiraku Museum of Art Collection

This book introduces ancient Chinese seals in the collection of the Neiraku Museum of Art, Nara, Japan. The museum opened in 1940 in the Isuien Garden, a famous scenic spot in Japan. The collection mainly consists of antiquarian art objects of Japan, China and Korea.

Our collection of Chinese seals is one of the finest collections in Japan. The seals have been protected against destructions resulting from warfare for several generations both in Japan and China.

Some 2,000 Chinese seals are in our collection, grouped into official seals and private seals. The seals are dated from the Warring States to the Six Dynasties Periods or from the fifth century B.C. to the sixth century A.D. Careful analyses of the styles of the inscriptions, methods of casting the seals, the morphologies of the knobs, and the raw materials of the seals allow us to approach the historical backgrounds of these seals. Both official and private seals are classified based on the morphologies of the knobs and raw materials.

The morphologies of the knobs of official seals include: fish, tortoise, pierced, bridge, horse, camel, sheep, snake, and mythical beast for the protection against evil. The seals are made from bronze, silver, ceramic, jade, glass, and gilt-bronze.

The morphologies of the knobs of private seals include: tortoise, pierced, rooftile, bridge, semicircular arch, arbor, mythical beast for the protection against evil, nest within one another (three layers), and nest within one another (two layers). Some private seals lack knobs. Those without knobs have two or more faces. There is also a type in the form of belt buckle. Private seals are made from gold, bronze, ceramic, jade and gilt-bronze.

In this book, 219 seals are selected from our collection. Owing to careful and scholarly analyses, we have determined the authenticity of each seal. The attributes taken into consideration include the morphology of knob, inscription, font of the characters inscribed, and dimension and weight of seal. The analyses make possible the chronological and functional classification of the seals. This classification further allows us to approach the bureaucratic systems of the center and local regions in Chinese dynasties, as well as the relationship between the central government and minorities in peripheral regions. In other words, despite their small sizes, the seals are windows on the Chinese history.

It is our hope that this book serves as a good introduction to the broad and deep world of the seals and helps readers appreciate the aesthetic of the Chinese characters and the seal morphologies.

図版目録
Catalogue

図版番号　鈕形　材質 印文・紋様 法量（縦×横×総高〔印台高〕cm　重量 g）時代

1. Catalogue number (bold number indicates one with an enlarged photograph), material, knob morphology
2. Inscription in modern Chinese characters (□indicates an unidentifiable character), "Pinyin Romanization of the inscription"(☆ indicates a character whose pronunciation is unknown, (　) a character whose pronunciatim is uncertain.)
3. Dimension (vertical x horizontal x height including the knob in centimeters [height excluding the knob]), weight
4. (Section 2 only) Time period or dynasty (omitted if a seal might be a fake)

1）戦国時代の古鉩 Warring States Seals

■官鉩　Official Seals

1 【鼻鈕銅印】bronze; pierced knob;
□都右司馬鉩 "□ dou you si ma xi"
2.95 × 2.97 × 1.59〔1.08〕57.1g

2 【鼻鈕銅印】bronze; pierced knob;
司馬□鉩 "si ma □ xi"
2.76 × 2.78 × 1.38〔0.88〕37.4g

3 【鼻鈕銅印】bronze; pierced knob;
右司馬□（厩）"you si ma □ "
2.52 × 2.49 × 1.31〔0.80〕29.7g

4 【鼻鈕玉印】jade; pierced knob;
安内市（币）鉩 "an nei shi xi"
1.54 × 1.48 × 1.18〔0.89〕5.2g

■私鉩　Private Seals

5 【鼻鈕銅印】bronze; pierced knob;
事鉩 "shi xi"
2.40 × 2.43 × 1.38〔0.65〕24.6g

6 【鼻鈕銅印】bronze; pierced knob;
□（徒）畬之鉩 "□ (tu) an zhi xi"
2.33 × 2.33 × 1.47〔0.86〕25.6g

7 【鼻鈕銅印】bronze; pierced knob;
長邦 "zhang bang"
1.36 × 1.34 × 1.11〔0.64〕6.2g

8 【鼻鈕銅印】bronze; pierced knob;
王□（䚄）"wang □☆ "
1.38 × 1.39 × 1.16〔0.77〕7.4g

9 【鼻鈕銅印】bronze; pierced knob;
王□（瓄）"wang □（du）"
1.35 × 1.37 × 1.46〔1.00〕14.2g

10【鼻鈕銅印】bronze; pierced knob;
郾均 "yan jun"
1.49 × 1.51 × 1.47〔1.01〕14.4g

11【鼻鈕銅印】bronze; pierced knob;
垛 "ji"
1.35 × 1.35 × 1.21〔0.84〕6.7g

12【鼻鈕銅印】bronze; pierced knob;
上士之右 "shang shi zhi you"
1.80 × 1.83 × 1.04〔0.68〕11.8g

13【鼻鈕銅印】bronze; pierced knob;
敬事 "jing shi"
1.63 × 1.63 × 1.41〔0.89〕8.5g

14【鼻鈕銅印】bronze; pierced knob;
明上 "ming shang"
1.56 × 1.57 × 1.52〔1.07〕12.7g

15【鼻鈕銅印】bronze; pierced knob;
安官 "an guan"
1.53 × 1.56 × 1.66〔1.23〕11.6g

16【鼻鈕銅印】bronze; pierced knob;
長官 "chang/zhang guan"
1.36 × 1.36 × 0.81〔0.52〕3.3g

17【亭鈕銅印】bronze; arbor-shaped knob;
平上尒 "ping shang er"
1.40 × 1.42 × 1.17〔0.98〕6.3g

18【亭鈕銅印】bronze; arbor-shaped knob;
鳥紋　engraved with bird design
1.83 × 1.84 × 1.19〔0.93〕8.6g

19【鼻鈕銅印】bronze; pierced knob;
獣形紋　engraved with beast design
1.77 × 1.76 × 0.84〔0.38〕5.5g

20【鼻鈕銅印】bronze; pierced knob;
守宮紋 engraved with gecko design
1.70 × 1.71 × 0.71〔0.37〕4.0g

21【鼻鈕銅印】bronze; pierced knob;
犬狗紋　engraved with dog design

1.37 × 1.35 × 0.80〔0.47〕2.9g

22【鼻鈕銅印】bronze; pierced knob;
鳥紋　engraved with bird design
1.24 × 1.24 × 0.77〔0.48〕3.5g

23【鼻鈕銅印】bronze; pierced knob;
双禽紋　engraved with paired birds design
1.25 × 1.25 × 0.81〔0.50〕4.0g

24【壇鈕銅印】bronze; altar-shaped knob;
鳥紋　engraved with bird design
1.75 × 1.73 × 1.14〔0.72〕12.7g

25【壇鈕銅印】bronze; altar-shaped knob;
双獣紋　engraved with paired animals design
1.72 × 1.74 × 0.99〔0.55〕8.3g

26【鼻鈕銅印】bronze; pierced knob;
花葉紋　engraved with floral leaf design
1.97 × 1.97 × 0.78〔0.32〕7.1g

27【鼻鈕銅印】bronze; pierced knob;
不死鳥紋　engraved with phoenix design
1.41 × 1.50 × 0.92〔0.61〕8.3g

28【鼻鈕銅印】bronze; pierced knob;
闘虎紋　engraved with fighting tiger design
1.39 × 1.37 × 1.17〔0.60〕6.2g

29【鼻鈕銅印】bronze; pierced knob;
獣（駱駝）紋　engraved with camel design
1.40 × 1.65 × 0.97〔0.59〕8.4g

30【鼻鈕銅印】bronze; pierced knob;
武人紋　engraved with warrior with sword and shield design
2.33 × 2.32 × 0.92〔0.37〕8.4g

2）秦漢三国両晋南北朝時代の印章

Qin, Han, Three Kingdoms, Jin and Northern and Southern Dynasties Seals

■官印　Official Seals

＊田字格 Face divided into four squares in which one character is inscribed

31【魚鈕銅印】bronze; fish-shaped knob;
南郡候印 “nan jun hou yin”
2.57 × 2.55 × 1.64〔0.73〕38.8g
秦〜前漢初　Qin Dynasty — Early Western Han Dynasty

32【亀鈕鎏金銅印】gilt bronze; tortoise-shaped knob;
間陽司空 “jian yang si kong”
1.80 × 1.80 × 1.88〔0.82〕31.0g　※疑偽

33【鼻鈕銅印】bronze; pierced knob;
定陽市丞 “ding yang shi cheng”
2.44 × 2.40 × 2.28〔0.19〕74.7g　※疑偽
魏　Wei Dynasty

＊矦印 Marquis’ seals, ***hou***

34【亀鈕鎏金銅印】gilt bronze; tortoise-shaped knob;
都郷矦印 “dou xiang hou yin”
2.47 × 2.46 × 2.65〔1.06〕64.1g
三国　Three Kingdoms

35【亀鈕鎏金銅印】gilt bronze; tortoise-shaped knob;
都亭矦印 “dou ting hou yin”
2.44 × 2.45 × 2.23〔1.08〕68.5g
三国　Three Kingdoms

36【亀鈕鎏金銅印】gilt bronze; tortoise-shaped knob;
関内矦印　“guan nei hou yin”
2.28 × 2.36 × 2.01〔1.05〕53.1g
前漢末〜後漢初 Late Western Han Dynasty — Early Eastern Han Dynasty

37【亀鈕鎏金銅印】gilt bronze; tortoise-shaped knob;
関内矦印 “guan nei hou yin”
2.24 × 2.35 × 2.14〔1.06〕55.9g
前漢末〜後漢　Late Western Han Dynasty — Early Eastern Han Dynasty

38【亀鈕銅印】bronze; tortoise-shaped knob;
関内矦印 “guan nei hou yin”
2.32 × 2.37 × 2.25〔1.19〕55.9g
後漢末〜三国　Late Eastern Han Dynasty — Three Kingdoms

39【亀鈕鎏金銅印】gilt bronze; tortoise-shaped knob;
関内矦印 “guan nei hou yin”
2.54 × 2.50 × 2.71〔1.26〕82.8g
晋　Jin Dynasty

40【亀鈕鎏金銅印】gilt bronze; tortoise-shaped knob;
関内矦印 “guan nei hou yin”
2.56 × 2.58 × 2.66〔1.18〕84.6g
晋　Jin Dynasty

41【亀鈕鎏金銅印】gilt bronze; tortoise-shaped knob;
関内矦印 “guan nei hou yin”
1.81 × 1.80 × 1.97〔0.81〕33.6g
後秦　Later Qin

42【亀鈕鎏金銅印】gilt bronze; tortoise-shaped knob;
関中矦印 “guan zhong hou yin”
2.39 × 2.35 × 2.35〔1.14〕60.3g
後漢末〜三国　Late Eastern Han Dynasty — Three Kingdoms

43【亀鈕銅印】bronze; tortoise-shaped knob;
関中矦印 "guan zhong hou yin"
2.35 × 2.43 × 2.41〔1.31〕73.2g
十六国　Sixteen Kingdoms

44【亀鈕鎏金銅印】gilt bronze; tortoise-shaped knob;
関中矦印 "guan zhong hou yin"
2.00 × 2.01 × 2.43〔0.91〕38.7g
晋　Jin Dynasty

45【亀鈕鎏金銅印】gilt bronze; tortoise-shaped knob;
関外矦印 "guan wai hou yin"
2.27 × 2.23 × 2.51〔0.84〕51.2g
三国　Three Kingdoms

46【亀鈕銅印】bronze; tortoise-shaped knob;
関外矦印 "guan wai hou yin"
2.15 × 2.10 × 2.66〔1.16〕64.0g
三国　Three Kingdoms

47【亀鈕鎏金銅印】gilt bronze; tortoise-shaped knob;
関外矦印 "guan wai hou yin"
2.41 × 2.48 × 2.92〔1.10〕74.3g
南涼　Southern Liang Dynasty

＊都尉 Seals of regional military officer, *douwei*

48【亀鈕鎏金銅印】gilt bronze; tortoise-shaped knob;
奉車都尉 "feng che dou wei"
2.66 × 2.63 × 2.86〔1.20〕82.9g
三国　Three Kingdoms

49【亀鈕銅印】bronze; tortoise-shaped knob;
奉車都尉 "feng che dou wei"
2.15 × 2.03 × 2.54〔1.13〕47.5g
十六国　Sixteen Kingdoms

50【亀鈕鎏金銅印】gilt bronze; tortoise-shaped knob;
駙馬都尉 "fu ma dou wei"
2.53 × 2.47 × 2.90〔1.23〕80.2g
晋　Jin Dynasty

51【亀鈕銅印】bronze; tortoise-shaped knob;
武猛都尉 "wu meng dou wei"
2.55 × 2.54 × 2.71〔1.13〕77.4g
晋　Jin Dynasty

52【亀鈕銅印】bronze; tortoise-shaped knob;
殿中都尉 "dian zhong dou wei"
2.54 × 2.52 × 2.52（1.14）69.8g
晋　Jin Dynasty

＊将軍章 Seals of military general, *jiangjun*

53【亀鈕銀印】silver; tortoise-shaped knob;
楼船将軍章　"lou chuan jiang jun zhang"
2.30 × 2.27 × 2.18〔0.96〕50.8g
前漢　Western Han Dynasty

54【亀鈕銅印】bronze; tortoise-shaped knob;
偏将軍印章　"pian jiang jun yin zhang"
2.28 × 2.37 × 1.97〔0.88〕43.7g
前漢末～後漢初　Late Western Han Dynasty — Early Eastern Han Dynasty

55【亀鈕鎏金銅印】gilt bronze; tortoise-shaped knob;
虎牙将軍章　"hu ya jiang jun zhang"
2.37 × 2.35 × 2.23〔0.98〕60.6g
後漢　Eastern Han Dynasty

56【亀鈕鎏金銅印】gilt bronze; tortoise-shaped knob;
伏廋将軍章　"fu sou jiang jun zhang"
2.31 × 2.29 × 2.44〔0.97〕60.1g
後漢～三国　Eastern Han Dynasty — Three Kingdoms

57【亀鈕鎏金銅印】gilt bronze; tortoise-shaped knob;
揚武将軍章　"yang wu jiang jun zhang"
2.32 × 2.28 × 2.34〔0.90〕58.5g
後漢～三国　Eastern Han Dynasty — Three Kingdoms

58【亀鈕鎏金銅印】gilt bronze; tortoise-shaped knob;
淩江将軍章　"ling jiang jiang jun zhang"
2.30 × 2.30 × 2.46〔0.82〕55.1g
三国　Three Kingdoms

59【亀鈕鎏金銅印】gilt bronze; tortoise-shaped knob;
振威将軍章　"zhen wei jiang jun zhang"
2.25 × 2.28 × 2.49〔1.12〕69.8g
晋　Jin Dynasty

60【亀鈕銅印】bronze; tortoise-shaped knob;
折衝将軍章　"zhe chong jiang jun zhang"
2.19 × 2.20 × 2.36〔1.06〕44.9g
晋　Jin Dynasty

61【亀鈕銅印】bronze; tortoise-shaped knob;
裨将軍章　"bi jiang jun zhang"
2.15 × 2.23 × 2.74〔1.12〕51.6g
晋　Jin Dynasty

62【亀鈕銅印】bronze; tortoise-shaped knob;
材官将軍章　"cai guan jiang jun zhang"
2.30 × 2.34 × 2.60〔1.06〕62.4g
劉宋　Liu Song Dynasty

63【亀鈕鎏金銅印】gilt bronze; tortoise-shaped knob;
立節将軍章　"li jie jiang jun zhang"
2.26 × 2.27 × 3.04〔1.24〕65.5g
十六国　Sixteen Kingdoms

64【亀鈕鎏金銅印】gilt bronze; tortoise-shaped knob;
廣武将軍章　“guang wu jiang jun zhang”
2.34 × 2.36 × 2.51〔1.21〕62.5g
十六国　Sixteen Kingdoms
65【瓦鈕玉印】jade; tile-shaped knob;
虎威将軍章　“hu wei jiang jun zhang”
1.97 × 1.99 × 1.26〔0.57〕7.8g　※疑偽

＊将印 Seals of military officer, *jiang*
66【亀鈕銅印】bronze; tortoise-shaped knob;
牙門将印　“ya men jiang yin”
2.12 × 2.10 × 2.50〔1.12〕47.4g
十六国　Sixteen Kingdoms
67【駝鈕鎏金銅印】gilt bronze; camel- shaped knob;
牙門将印章　“ya men jiang yin zhang”
2.52 × 2.47 × 2.98〔1.07〕74.8g
十六国　Sixteen Kingdoms

＊中郎将印 Seal of imperial guard/cavalry and chariot officer, *zhonglangjiang*
68【亀鈕鎏金銅印】gilt bronze; tortoise-shaped knob;
殿中中郎将印　“dian zhong zhong lang jiang yin”
2.47 × 2.48 × 2.60〔1.16〕74.6g
晋　Jin Dynasty

＊軍司馬印 Seals of military administrator, *junsima*
69【鼻鈕銅印】bronze; pierced knob;
軍司馬印　“jun si ma yin”
2.40 × 2.40 × 1.82〔0.94〕51.2g
三国　Three Kingdoms
70【鼻鈕銅印】bronze; pierced knob;
軍司馬印　“jun si ma yin”
2.50 × 2.44 × 2.08〔0.98〕56.4g
三国～晋　Three Kingdoms — Jin Dynasty
71【鼻鈕銅印】bronze; pierced knob;
軍司馬印 “jun si ma yin”
2.54 × 2.53 × 2.55〔1.44〕94.3g
晋　Jin Dynasty

＊軍假司馬 Seals of deputy military officer, *junjiasima*
72【鼻鈕銅印】bronze; pierced knob;
軍假司馬　“jun jia si ma”
2.35 × 2.37 × 1.76〔0.85〕35.9g
後漢　Eastern Han Dynasty
73【鼻鈕銅印】bronze; pierced knob;
軍假司馬　“jun jia si ma”
2.35 × 2.36 × 1.93〔0.93〕49.7g
後漢　Eastern Han Dynasty
74【鼻鈕銅印】bronze; pierced knob;
軍假司馬　“jun jia si ma”
2.43 × 2.46 × 1.88〔0.90〕51.6g
三国　Three Kingdoms

＊別部司馬 Seals of military administrator in charge of minor troops, *biebusima*
75【鼻鈕銅印】bronze; pierced knob;
別部司馬　“bie bu si ma”
2.56 × 2.50 × 1.83〔0.73〕50.1g
晋　Jin Dynasty
76【鼻鈕銅印】bronze; pierced knob;
別部司馬　“bie bu si ma”
2.51 × 2.51 × 1.94〔0.88〕46.5g
晋　Jin Dynasty
77【鼻鈕銅印】bronze; pierced knob;
別部司馬　“bie bu si ma”
2.61 × 2.64 × 1.95〔0.93〕56.9g
晋　Jin Dynasty

＊假司馬印 Seals of deputy military officer, *jiasima*
78【鼻鈕銅印】bronze; pierced knob;
假司馬印　“jia si ma yin”
2.32 × 2.35 × 1.96〔0.93〕50.9g
後漢　Eastern Han Dynasty
79【鼻鈕銅印】bronze; pierced knob;
假司馬印 “jia si ma yin”
2.40 × 2.38 × 2.10〔0.95〕56.6g
後漢末～三国　Late Eastern Han Dynasty — Three Kingdoms
80【鼻鈕銅印】bronze; pierced knob;
假司馬印　“jia si ma yin”
2.43 × 2.38 × 1.97〔0.97〕52.3g
三国　Three Kingdoms
81【鼻鈕銅印】bronze; pierced knob;
假司馬印　“jia si ma yin”
2.43 × 2.42 × 2.05〔1.00〕57.3g
三国　Three Kingdoms

＊司馬 Seals of military administrator, *sima*

82【鼻鈕銅印】bronze; pierced knob;
方俗司馬 "fang su si ma"
2.34 × 2.33 × 1.89〔0.86〕49.4g
後漢 Eastern Han Dynasty

83【鼻鈕銅印】bronze; pierced knob;
中衛司馬 "zhong wei si ma"
2.34 × 2.37 × 1.79〔0.82〕43.4g
後漢 Eastern Han Dynasty

84【鼻鈕銅印】bronze; pierced knob;
建威司馬 "Jian wei si ma"
2.35 × 2.35 × 2.21〔0.89〕52.2g
後漢 Eastern Han Dynasty

85【鼻鈕銅印】bronze; pierced knob;
巧工司馬 "qiao gong si ma"
2.38 × 2.38 × 1.90〔0.92〕49.0g
後漢 Eastern Han Dynasty

86【鼻鈕銅印】bronze; pierced knob;
大醫司馬 "da yi si ma"
2.45 × 2.43 × 2.10〔0.96〕58.5g
三国 Three Kingdoms

87【鼻鈕銅印】bronze; pierced knob;
殿中司馬 "dian zhong si ma"
2.49 × 2.43 × 2.47〔1.15〕70.6g
晋 Jin Dynasty

88【鼻鈕銅印】bronze; pierced knob;
監軍司馬 "jian jun si ma"
2.51 × 2.47 × 2.38〔1.26〕78.5g
晋 Jin Dynasty

89【鼻鈕銅印】bronze; pierced knob;
皿城督護司馬 "min cheng du hu si ma"
2.32 × 2.16 × 2.12〔0.99〕42.2g ※疑偽

90【鼻鈕鎏金銅印】gilt bronze; pierced knob;
掃逆将軍司馬 "sao ni jiang jun si ma"
2.40 × 2.44 × 2.07〔1.10〕59.4g ※疑偽

＊騎督之印 Seals of chief cavalry officer, *qidu*

91【鼻鈕銀印】silver; pierced knob;
騎督之印 "qi du zhi yin"
2.29 × 2.32 × 1.82〔0.90〕49.7g
後漢初 Early Eastern Han Dynasty

92【亀鈕銅印】bronze; tortoise-shaped knob;
騎督之印 "qi du zhi yin"
2.09 × 2.04 × 1.87〔0.97〕39.9g ※疑偽

＊騎部曲督 Seals of cavalry officer, *qibuqudu*

93【鼻鈕銅印】bronze; pierced knob;
騎部曲督 "qi bu qu du"
2.37 × 2.38 × 1.95〔0.92〕49.3g
後漢 Eastern Han Dynasty

94【鼻鈕銅印】bronze; pierced knob;
騎部曲督 "qi bu qu du"
2.58 × 2.58 × 2.45〔1.23〕80.6g
晋 Jin Dynasty

＊部曲督印 Seals of company officer, *buqudu*

95【鼻鈕銅印】bronze; pierced knob;
部曲督印 "bu qu du yin"
2.38 × 2.40 × 2.08〔0.99〕55.5g
後漢末～三国 Late Eastern Han Dynasty — Three Kingdoms

96【鼻鈕銅印】bronze; pierced knob;
部曲督印 "bu qu du yin"
2.45 × 2.43 × 2.09〔0.93〕56.0g
三国 Three Kingdoms

97【鼻鈕銅印】bronze; pierced knob;
部曲督印 "bu qu du yin"
2.47 × 2.48 × 2.09〔0.99〕58.2g
三国 Three Kingdoms

98【鼻鈕銅印】bronze; pierced knob;
部曲督印 "bu qu du yin"
2.47 × 2.52 × 2.32〔1.15〕71.8g
三国～晋 Three Kingdoms — Jin Dynasty

99【駝鈕銅印】bronze; camel-shaped knob;
部曲督印 "bu qu du yin"
2.45 × 2.43 × 3.06〔1.05〕74.5g
十六国 Sixteen Kingdoms

＊騎部曲将 Seal of cavalry regiment officer, *qibuqujiang*

100【鼻鈕銅印】bronze; pierced knob;
騎部曲将 "qi bu qu jiang"
2.41 × 2.42 × 2.05〔0.95〕53.4g
三国 Three Kingdoms

＊部曲将印 Seals of regiment officer, *buqujinag*

101【鼻鈕銅印】bronze; pierced knob;
部曲将印 "bu qu jiang yin"
2.33 × 2.35 × 2.02〔0.88〕49.1g
後漢 Eastern Han Dynasty

102【鼻鈕銅印】bronze; pierced knob;
部曲将印 "bu qu jiang yin"
2.37 × 2.37 × 2.10〔0.96〕52.8g
後漢 Eastern Han Dynasty
103【鼻鈕銅印】bronze; pierced knob;
部曲将印 "bu qu jiang yin"
2.38 × 2.39 × 2.15〔0.99〕54.8g
後漢 Eastern Han Dynasty
104【鼻鈕銅印】bronze; pierced knob;
部曲将印 "bu qu jiang yin"
2.39 × 2.42 × 1.84〔0.88〕48.5g
後漢～三国 Eastern Han Dynasty — Three Kingdoms
105【鼻鈕銅印】bronze; pierced knob;
部曲将印 "bu qu jiang yin"
2.42 × 2.43 × 2.16〔0.96〕59.2g
三国 Three Kingdoms
106【鼻鈕銅印】bronze; pierced knob;
部曲将印 "bu qu jiang yin"
2.44 × 2.48 × 2.28〔1.07〕64.6g
三国 Three Kingdoms
107【鼻鈕銅印】bronze; pierced knob;
部曲将印 "bu qu jiang yin"
2.48 × 2.45 × 2.24〔1.16〕68.5g
三国 Three Kingdoms
108【鼻鈕銅印】bronze; pierced knob;
部曲将印 "bu qu jiang yin"
2.49 × 2.45 × 2.51〔1.18〕73.0g
東晋 Eastern Jin Dynasty

＊軍曲候之印 Seal of regiment officer, *junquhou*
109【亀鈕銅印】bronze; tortoise-shaped knob;
軍曲候之印 "jun qu hou zhi yin"
2.27 × 2.30 × 2.01〔0.79〕49.2g
前漢末（新莽）End of the Western Han Dynasty (Xin Dynasty)

＊軍曲候印 Seals of regiment officer, *junquhou*
110【鼻鈕銅印】bronze; pierced knob;
軍曲候印 "jun qu hou yin"
2.39 × 2.42 × 1.92〔0.94〕51.5g
後漢末～三国 Late Eastern Han Dynasty — Three Kingdoms
111【鼻鈕銅印】bronze; pierced knob;
軍曲候印 "jun qu hou yin"
2.45 × 2.45 × 2.02〔0.97〕57.4g
三国 Three Kingdoms

＊軍假候印 Seal of deputy regiment officer, *junjiahou*
112【鼻鈕銅印】bronze; pierced knob;
軍假候印 "jun jia hou yin"
2.35 × 2.33 × 1.88〔0.87〕50.5g
後漢 Eastern Han Dynasty

＊長史 Seals of chief administrator, *zhangshi*
113【鼻鈕銅印】bronze; pierced knob;
長史之印 "zhang shi zhi yin"
2.40 × 2.42 × 1.88〔0.83〕44.9g
三国 Three Kingdoms
114【鼻鈕銅印】bronze; pierced knob;
大将長史 "da jiang zhang shi"
2.54 × 2.49 × 1.82〔0.78〕45.7g
晋 Jin Dynasty

＊丞印 Seals of first officer, *cheng*
115【鼻鈕銅印】bronze; pierced knob;
軍倉丞印 "jun cang cheng yin"
2.31 × 2.33 × 1.97〔0.89〕41.6g
後漢 Eastern Han Dynasty
116【鼻鈕銅印】bronze; pierced knob;
大醫丞印 "da yi cheng yin"
2.35 × 2.36 × 2.03〔0.97〕55.2g
後漢～三国 Eastern Han Dynasty — Three Kingdoms

＊行事 Seals of court officer, *xingshi*
117【鼻鈕銅印】bronze; pierced knob;
立義行事 "li yi xing shi"
2.52 × 2.52 × 2.00〔0.96〕56.3g
晋 Jin Dynasty

＊州・郡県・侯国尉印 Seals of provincial and regional governor
118【鼻鈕銅印】bronze; pierced knob;
冀州従事 "ji zhou cong shi"
2.38 × 2.36 × 2.36〔1.11〕67.5g
後漢 Eastern Han Dynasty
119【亀鈕銅印】bronze; tortoise-shaped knob;
受降尹中前候 "shou jiang yin zhong qian hou"
2.30 × 2.26 × 2.00〔0.85〕43.2g
前漢末（新莽） End of the Western Han Dynasty (Xin Dynasty)
120【鼻鈕銅印】bronze; pierced knob;
南郷左尉 "nan xiang zuo wei"
2.41 × 2.37 × 2.32〔1.00〕57.6g
三国 Three Kingdoms

121【瓦鈕銅印】bronze; tile-shaped knob;
武城左尉　"wu cheng zuo wei"
2.46 × 2.45 × 2.05〔0.92〕53.4g
三国　Three Kingdoms

122【鼻鈕銅印】bronze; pierced knob;
襄郷国尉　"xiang xiang guo wei"
2.45 × 2.41 × 2.55〔1.38〕77.6g
三国　Three Kingdoms

123【鼻鈕銅印】bronze; pierced knob;
池陽矦丞 "chi yang hou cheng"
2.45 × 2.49 × 2.32〔1.39〕79.0g
三国～晋　Three Kingdoms — Jin Dynasty

＊県令印 Seals of county magistrete, *lingyin*

124【亀鈕銅印】bronze; tortoise-shaped knob;
安陵令印　"an ling ling yin"
2.36 × 2.38 × 2.03〔0.69〕46.1g
前漢末～後漢初　Late Western Han Dynasty — Early Eastern Han Dynasty

125【鼻鈕銅印】bronze; pierced knob;
新成令印　"xin cheng ling yin"
2.21 × 2.23 × 1.95〔0.88〕40.3g
後漢　Eastern Han Dynasty

126【鼻鈕銅印】bronze; pierced knob;
河南令印　"he nan ling yin"
2.28 × 2.28 × 1.86〔0.85〕41.9g
後漢　Eastern Han Dynasty

127【鼻鈕銅印】bronze; pierced knob;
尋陽令印　"xun yang ling yin"
2.29 × 2.28 × 1.97〔0.86〕39.0g
後漢　Eastern Han Dynasty

128【鼻鈕銅印】bronze; pierced knob;
下相令印　"xia xiang ling yin"
2.25 × 2.31 × 2.18〔1.00〕64.1g
後漢　Eastern Han Dynasty

129【鼻鈕銅印】bronze; pierced knob;
長廣令印　"chang guang ling yin"
2.30 × 2.34 × 1.68〔0.82〕37.7g
後漢末～三国　Late Eastern Han Dynasty — Three Kingdoms

130【鼻鈕銅印】bronze; pierced knob;
建陽令印　"jian yang ling yin"
2.34 × 2.33 × 2.07〔0.92〕49.4g
三国　Three Kingdoms

131【鼻鈕銅印】bronze; pierced knob;
新城令印　"xin cheng ling yin"
2.39 × 2.41 × 2.15〔1.01〕57.4g
三国　Three Kingdoms

132【鼻鈕銅印】bronze; pierced knob;
閬中令印 "lang zhong ling yin"
2.45 × 2.42 × 2.23〔1.21〕61.1g
三国　Three Kingdoms

133【鼻鈕銅印】bronze; pierced knob;
合郷令印　"he xiang ling yin"
2.49 × 2.49 × 2.27〔1.06〕60.4g
三国　Three Kingdoms

134【瓦鈕銅印】bronze; tile-shaped knob;
江都令印　"jiang dou ling yin"
2.19 × 2.19 × 2.30〔1.21〕54.1g
晋　Jin Dynasty

135【鼻鈕銅印】bronze; pierced knob;
安陽令印　"an yang ling yin"
2.47 × 2.49 × 2.30〔1.10〕73.9g
南斉　Southern Qi Dynasty

＊県長印 Seals of county magistrete, *changyin*

136【鼻鈕銅印】bronze; pierced knob;
朔方長印　"shuo fang chang yin"
2.23 × 2.40 × 2.12〔0.97〕50.1g
後漢　Eastern Han Dynasty

137【鼻鈕銅印】bronze; pierced knob;
建始長印　"jian shi chang yin"
2.53 × 2.53 × 2.23〔1.30〕82.0g
三国～晋　Three Kingdoms — Jin Dynasty

138【亀鈕銅印】bronze; tortoise-shaped knob;
方城長印　"fang cheng chang yin"
2.46 × 2.42 × 2.05〔0.81〕47.2g　※疑偽

＊郷官印 Seals of town magistrete, *jizunyin*

139【亀鈕銅印】bronze; tortoise-shaped knob;
単祭尊印　"dan ji zun yin"
2.35 × 2.28 × 2.26〔0.90〕55.7g
前漢末～後漢初　Late Western Han Dynasty — Early Eastern Han Dynasty

140【亀鈕銅印】bronze; tortoise-shaped knob;
済南唯印　"ji nan wei yin"
1.98 × 1.99 × 1.95〔0.93〕27.0g
後漢　Eastern Han Dynasty

141【鼻鈕銅印】bronze; pierced knob;
丁氏長幸唯印　"ding shi chang xing wei yin"
1.98 × 1.97 × 1.67〔0.91〕32.9g
後漢　Eastern Han Dynasty

142【半環鈕銅印】bronze; semicircular arch knob;
少年唯印　"shao nian wei yin"
2.44 × 1.38 × 1.89〔0.86〕19.0g
三国　Three Kingdoms

◇周辺民族官印・蕃夷印 Official seals of tribes in peripheral regions

143【蛇鈕銅印】bronze; snake-shaped knob;
漢夷邑長　"han yi yi chang"
2.18 × 2.21 × 2.04〔0.67〕38.1g
前漢末〜後漢初　Late Western Han Dynasty — Early Eastern Han Dynasty

144【蛇鈕銅印】bronze; snake-shaped knob;
漢叟邑長　"han sou yi chang"
2.29 × 2.29 × 2.33〔0.96〕57.7g
蜀漢〜十六国　Shu Han Dynasty — Sixteen Kingdoms

145【駝鈕銅印】bronze; camel-shaped knob;
漢青羌邑長　"han qing qiang yi chang"
2.33 × 2.31 × 2.75〔0.79〕51.5g　※疑偽

146【駝鈕銅印】bronze; camel-shaped knob;
魏烏丸率善邑長　"wei wu wan lu shan yi chang"
2.25 × 2.21 × 2.48〔0.67〕38.7g
魏　Wei Dynasty

147【馬鈕銅印】bronze; horse-shaped knob;
魏烏丸率善佰長　"wei wu wan lu shan bai chang"
2.18 × 2.14 × 2.70〔0.72〕41.9g
魏　Wei Dynasty

148【羊鈕銅印】bronze; sheep-shaped knob;
魏烏丸率善佰長　"wei wu wan lu shan bai chang"
2.26 × 2.30 × 2.60〔0.74〕42.7g
魏　Wei Dynasty

149【駝鈕銅印】bronze; camel-shaped knob;
魏率善羌佰長 "wei lu shan qiang bai chang"
2.27 × 2.28 × 2.51〔0.70〕44.3g
魏　Wei Dynasty

150【羊鈕銅印】bronze; sheep-shaped knob;
晋匈奴率善佰長　"jin xiong nu lu shan bai chang"
2.26 × 2.24 × 2.57〔0.74〕42.3g
西晋　Western Jin Dynasty

151【駝鈕銅印】bronze; camel-shaped knob;
晋上郡率善佰長　"jin shang jun lu shan bai chang"
2.20 × 2.22 × 2.51〔0.71〕42.0g
西晋　Western Jin Dynasty

152【駝鈕鎏金銅印】gilt bronze; camel-shaped knob;
晋帰義羌王 "jin gui yi qiang wang"
2.15 × 2.24 × 2.18〔0.99〕50.5g
西晋　Western Jin Dynasty

153【駝鈕銅印】bronze; camel-shaped knob;
晋率善羌邑長 "jin lu shan qiang yi chang"
2.30 × 2.30 × 2.56〔0.74〕45.1g
西晋　Western Jin Dynasty

154【駝鈕銅印】bronze; camel-shaped knob;
晋率善羌佰長 "jin lu shan qiang bai chang"
2.22 × 2.26 × 2.53〔0.83〕46.6g
西晋　Western Jin Dynasty

155【馬鈕銅印】bronze; horse-shaped knob;
晋率善氐邑長　"jin lu shan di yi chang"
2.53 × 2.51 × 3.03〔1.12〕75.1g
東晋　Eastern Jin Dynasty

156【羊鈕銅印】bronze; sheep-shaped knob;
晋率善氐佰長　"jin lu shan di bai chang"
2.25 × 2.20 × 2.41〔0.73〕41.6g
西晋　Western Jin Dynasty

157【馬鈕銅印】bronze; horse-shaped knob;
晋率善氐佰長　"jin lu shan di bai chang"
2.23 × 2.26 × 2.52〔0.73〕43.1g
西晋　Western Jin Dynasty

158【駝鈕銅印】bronze; camel-shaped knob;
晋率善氐佰長　"jin lu shan di bai chang"
2.23 × 2.27 × 2.60〔0.77〕44.8g
西晋　Western Jin Dynasty

159【駝鈕銅印】bronze; camel-shaped knob;
晋率善胡仟長　"jin lu shan hu qian chang"
2.26 × 2.27 × 2.55〔0.75〕45.9g
西晋　Western Jin Dynasty

160【駝鈕銅印】bronze; camel-shaped knob;
晋率善胡佰長　"jin lu shan hu bai chang"
2.20 × 2.28 × 2.48〔0.77〕43.6g
西晋　Western Jin Dynasty

161【馬鈕銅印】bronze; horse-shaped knob;
率義侯印　"lu yi hou yin"
2.44 × 2.44 × 2.88〔1.10〕65.7g
十六国（趙）　Sixteen Kingdoms（Zhao）

■私印　Private Seals

＊壇鈕・鼻鈕 Seals with altar-shaped or pierced knob

162【壇鈕銅印】bronze; altar-shaped knob;
曹昌 "cao chang"
2.03 × 2.05 × 1.03〔0.63〕14.2g
秦〜前漢初　Qin Dynasty — Early Western Han Dynasty

163【鼻鈕銅印】bronze; pierced knob;
隗登　"kui deng"
2.31 × 1.22 × 1.48〔0.75〕15.2g
秦〜前漢初　Qin Dynasty — Early Western Han Dynasty

164【鼻鈕銅印】bronze; pierced knob;
楊齮　"yang yi"
2.05 × 1.16 × 1.24〔0.75〕11.4g
秦〜前漢初　Qin Dynasty — Early Western Han Dynasty

165【鼻鈕銅印】bronze; pierced knob;
董義　"dong yi"
1.52 × 1.53 × 1.10〔0.53〕7.1g
前漢　Western Han Dynasty

＊繆篆・鳥虫書 Seals with stylized, bird and worm script, *zhuan* 篆 style

166【亀鈕銅印】bronze; tortoise-shaped knob;
鮑勲私印　"bao xun si yin"
1.37 × 1.41 × 1.48〔0.80〕7.5g
前漢　Western Han Dynasty

167【亀鈕銅印】bronze; tortoise-shaped knob;
孫福私印　"sun fu si yin"
1.39 × 1.37 × 1.40〔0.78〕7.4g
前漢　Western Han Dynasty

168【瓦鈕銅印】bronze; tile-shaped knob;
王福私印　"wang fu si yin"
1.49 × 1.48 × 1.24〔0.66〕12.9g
前漢　Western Han Dynasty

169【亀鈕銅印】bronze; tortoise-shaped knob;
梁勝之印　"liang sheng zhi yin"
1.31 × 1.35 × 1.44〔0.68〕6.5g
前漢　Western Han Dynasty

170【蛙鈕銅印】bronze; frog-shaped knob;
黄勲之印　"huang xun zhi yin"
1.71 × 1.66 × 1.38〔0.47〕17.8g
前漢　Western Han Dynasty

＊権鈕 Seal with weight-shaped knob

171【権鈕金印】gold; weight-shaped knob
劉智　"liu zhi"
1.17 × 1.17 × 0.65　8.0g
前漢　Western Han Dynasty

＊亀鈕 Seals with tortoise-shaped knob

172【亀鈕鎏金銅印】gilt bronze; tortoise-shaped knob;
董逢　"dong feng"
1.31 × 1.30 × 1.43〔0.77〕12.1g
前漢　Western Han Dynasty

173【亀鈕銅印】bronze; tortoise-shaped knob;
楊都私印　"yang dou si yin"
1.41 × 1.42 × 1.45〔0.85〕15.9g
前漢　Western Han Dynasty

174【亀鈕銅印】bronze; tortoise-shaped knob;
史宗私印　"shi zong si yin"
1.68 × 1.69 × 1.74〔0.88〕21.9g
前漢　Western Han Dynasty

175【亀鈕銅印】bronze; tortoise-shaped knob;
伍永之印信　"wu yong zhi yin xin"
1.91 × 1.89 × 1.88〔0.97〕31.7g
前漢末（新莽）End of the Western Han Dynasty (Xin Dynasty)

176【亀鈕銅印】bronze; tortoise-shaped knob;
紀光　"ji guang"
1.77 × 1.69 × 1.25〔0.41〕14.8g
前漢　Western Han Dynasty

177【亀鈕銅印】bronze; tortoise-shaped knob;
董中舒　"dong zhong shu"
1.46 × 1.45 × 1.53〔0.76〕15.7g
前漢　Western Han Dynasty

178【亀鈕銅印】bronze; tortoise-shaped knob;
任氏家印　"ren shi jia yin"
2.21 × 2.16 × 1.40〔0.55〕24.9g
前漢末〜後漢　Late Western Han Dynasty — Eastern Han Dynasty

179【亀鈕銅印】bronze; tortoise-shaped knob;
任賀　"ren he"
1.76 × 1.73 × 1.65〔0.83〕26.2g
前漢末〜後漢　Late Western Han Dynasty — Eastern Han Dynasty

180【亀鈕銅印】bronze; tortoise-shaped knob;
孫部適印 "sun bu shi yin"
1.61 × 1.55 × 1.43〔0.66〕15.4g
前漢末〜後漢 Late Western Han Dynasty — Eastern Han Dynasty

181【亀鈕銅印】bronze; tortoise-shaped knob;
賈延年印 "gu yan nian yin"
1.41 × 1.42 × 1.27〔0.65〕10.2g
前漢末〜後漢 Late Western Han Dynasty — Eastern Han Dynasty

182【亀鈕銅印】bronze; tortoise-shaped knob;
李乙之印 "li yi zhi yin"
1.58 × 1.52 × 1.42〔0.66〕9.9g
後漢 Eastern Han Dynasty

183【亀鈕銅印】bronze; tortoise-shaped knob;
公孫買 "gong sun mai"
1.53 × 1.41 × 1.41〔0.75〕14.0g
三国 Three Kingdoms

184【亀鈕銅印】bronze; tortoise-shaped knob;
呂咸之印 "lu xian zhi yin"
1.45 × 1.46 × 1.56〔0.68〕8.5g
前漢 Western Han Dynasty

185【亀鈕銅印】bronze; tortoise-shaped knob;
徐宏私印 "xu hong si yin"
1.34 × 1.39 × 1.57〔0.71〕10.0g
後漢 Eastern Han Dynasty

＊瓦鈕印 Seals with tile-shaped knob

186【瓦鈕銅印】bronze; tile-shaped knob;
魯胡私印 "lu hu si yin"
1.87 × 1.33 × 1.29〔0.50〕10.9g
秦〜前漢 Qin Dynasty — Western Han Dynasty

187【瓦鈕銅印】bronze; tile-shaped knob;
張鳳私印 "zhang feng si yin"
1.97 × 1.95 × 1.63〔0.77〕26.6g
前漢 Western Han Dynasty

188【瓦鈕銅印】bronze; tile-shaped knob;
左譚私印 "zuo tan si yin"
1.78 × 1.73 × 1.55〔0.77〕21.6g
前漢 Western Han Dynasty

189【瓦鈕銅印】bronze; tile-shaped knob;
陳賞私印 "chen shang si yin"
1.78 × 1.73 × 1.50〔0.75〕20.6g
前漢 Western Han Dynasty

190【瓦鈕銅印】bronze; tile-shaped knob;
李隆私印 "li long si yin"
1.65 × 1.66 × 1.53〔0.80〕21.8g
前漢 Western Han Dynasty

191【瓦鈕銅印】bronze; tile-shaped knob;
朱並私印 "zhu bing si yin"
1.77 × 1.78 × 1.65〔0.97〕27.4g
後漢 Eastern Han Dynasty

192【瓦鈕銅印】bronze; tile-shaped knob;
胡咸私印 "hu xian si yin"
1.51 × 1.47 × 1.34〔0.77〕14.8g
後漢 Eastern Han Dynasty

193【瓦鈕銅印】bronze; tile-shaped knob;
商棱私印 "shang jie si yin"
1.28 × 1.29 × 1.45〔0.75〕8.2g
後漢 Eastern Han Dynasty

194【瓦鈕銅印】bronze; tile-shaped knob;
王禹之印 "wang yu zhi yin"
1.86 × 1.88 × 1.38〔0.54〕14.5g
前漢 Western Han Dynasty

195【瓦鈕銅印】bronze; tile-shaped knob;
徐任之印 "xu ren zhi yin"
1.74 × 1.76 × 1.64〔0.88〕17.6g
前漢 Western Han Dynasty

196【瓦鈕銅印】bronze; tile-shaped knob;
習封之印 "xi feng zhi yin"
2.06 × 2.06 × 1.87〔0.93〕24.6g
前漢 Western Han Dynasty

197【瓦鈕銅印】bronze; tile-shaped knob;
荘徳之印 "zhuang de zhi yin"
1.68 × 1.69 × 1.68〔0.94〕24.0g
前漢 Western Han Dynasty

198【瓦鈕銅印】bronze; tile-shaped knob;
徐諗 "xu shen"
1.31 × 1.29 × 1.29〔0.65〕6.3g
前漢 Western Han Dynasty

199【瓦鈕銅印】bronze; tile-shaped knob;
董勲 "dong xun"
1.76 × 1.77 × 1.45〔0.76〕21.5g
前漢 Western Han Dynasty

200【瓦鈕銅印】bronze; tile-shaped knob;
李農 "li nong"
1.78 × 1.76 × 1.59〔0.85〕23.2g
前漢 Western Han Dynasty

201【瓦鈕銅印】bronze; tile-shaped knob;
鮑嵩　"bao song"
1.46 × 1.46 × 1.50〔0.83〕10.7g
後漢　Eastern Han Dynasty
202【瓦鈕銅印】bronze; tile-shaped knob;
孫憲　"sun xian"
1.56 × 1.60 × 1.63〔0.90〕21.8g
後漢　Eastern Han Dynasty
203【瓦鈕銅印】bronze; tile-shaped knob;
尹忠　"yin zhong"
1.38 × 1.36 × 1.28〔0.80〕11.1g
後漢　Eastern Han Dynasty
204【瓦鈕銅印】bronze; tile-shaped knob;
五定　"wu ding"
1.51 × 1.53 × 1.03〔0.38〕9.5g
後漢　Eastern Han Dynasty

＊橋鈕印 Seals with bridge-shaped knob
205【橋鈕銅印】bronze; bridge-shaped knob;
紀得之印　"ji de zhi yin"
1.75 × 1.74 × 1.40〔0.57〕16.4g
前漢　Western Han Dynasty
206【橋鈕銅印】bronze; bridge-shaped knob;
公孫乘印　"gong sun sheng yin"
1.48 × 1.49 × 1.32〔0.67〕10.3g
後漢　Eastern Han Dynasty

＊両面印 Seals with two faces
207【両面銅印】bronze; two faces;
虎・鳥紋　Design of tiger and bird
1.53 × 1.50 × 0.62　6.7g
前漢　Western Han Dynasty
208【両面銅印】bronze;two faces;
胡嬰・胡王孫　"hu ying"and" hu wang sun"
2.12 × 2.13 × 0.63　14.4g
前漢　Western Han Dynasty
209【両面銅印】bronze; two faces;
李右大印・臣右大 "li you da yin" and "chen you da"
1.80 × 1.83 × 0.66　12.4g
前漢　Western Han Dynasty
210【両面銅印】bronze; two faces;
李右・臣右 "li you" and "chen you"
1.52 × 1.52 × 0.66　8.6g
前漢　Western Han Dynasty

211【両面銅印】bronze; two faces;
李係之印・曹絲 "li xi zhi yin" and "cao si"
2.22 × 2.22 × 0.88　24.3g
前漢末～後漢　Late Western Han Dynasty — Eastern Han Dynasty
212【両面銅印】bronze; two faces;
張安國・鳥（朱鷺）紋　"zhang an guo" and face with bird design
1.48 × 1.46 × 0.48　7.2g
後漢　Eastern Han Dynasty

＊辟邪鈕 Seals with knob in the form of mythical beast for the protection against evil
213【辟邪鈕鎏金銅印】gilt bronze; mythical beast for the protection against evil knob
夏博　"xia bo"
1.31 × 1.30 × 1.65〔0.51〕9.6g
後漢　Eastern Han Dynasty
214【辟邪鈕鎏金銅印】gilt bronze; mythical beast for the protection against evil knob
尹立私印 "yin li si yin"
1.20 × 1.21 × 1.82〔0.67〕8.6g
後漢　Eastern Han Dynasty
215【辟邪鈕鎏金銅印】gilt bronze; mythical beast for the protection against evil knob
邯鄲拾印 "han dan shi yin"
1.26 × 1.28 × 1.82〔0.70〕11.3g
後漢～三国　Eastern Han Dynasty — Three Kingdoms

＊套印 Pair of interlocking seals（two or three seals nested）
216【辟邪鈕母子銅印】bronze; mythical beast for the protection against evil knob
（母）左光印信 "zuo guang yin xin"
2.12 × 2.10 × 2.80〔0.95〕37.9g
（子）左光 "zuo guang"
1.07 × 1.06 × 0.97〔0.69〕6.1g
後漢　Eastern Han Dynasty

217【辟邪鈕母子孫銅印】bronze; mythical beast for the protection against evil knob

（母）陳南印信 “chen nan yin xin”

2.12 × 2.08 × 3.54〔1.40〕32.6g

（子）陳南 “chen nan”

1.21 × 1.28 × 1.72〔0.87〕8.0g

（孫）白方 “bai fang”

0.98 × 0.87 × 0.57〔0.27〕2.0g

西晋　Western Jin Dynasty

＊六面印 Seals with six faces

218【六面銅印】bronze; six faces;

（天）劉躭 “liu dan”

1.08 × 1.04

（地）劉躭 “liu dan”（懸針篆 xuan zhou zhuan script）

2.13 × 2.08 × 3.44〔2.08〕83.9g

劉躭之印 “liu dan zhi yin,” 劉躭言事 “liu dan yan shi,”

劉躭白牋 “liu dan bai jian,” 臣躭 “chen dan,”

東晋　Eastern Jin Dynasty

219【六面銅印】bronze; six faces;

（天）劉徳 “liu de”

1.60 × 1.52

（地）劉徳 “liu de”

1.93 × 1.90 × 3.88〔1.93〕81.9g

劉徳之印 “liu de zhi yin,” 劉徳言事 “liu de yan shi,”

劉徳白牋 “liu de bai jian,” 臣徳 “chen de”

東晋　Eastern Jin Dynasty